Anke Elisabeth Ballmann

Worte wie Pfeile

Anke Elisabeth Ballmann

Worte wie Pfeile

Über emotionale Gewalt an unseren Kindern und wie wir sie verhindern

Kösel

Sollte diese Publikation Links auf Webseiten Dritter enthalten, so übernehmen wir für deren Inhalte keine Haftung, da wir uns diese nicht zu eigen machen, sondern lediglich auf deren Stand zum Zeitpunkt der Erstveröffentlichung verweisen.

Aus Gründen der leichteren Lesbarkeit konnte eine gendergerechte Schreibweise nicht durchgängig eingehalten werden. Bei der Verwendung entsprechender geschlechtsspezifischer Begriffe sind im Sinne der Gleichbehandlung jedoch ausdrücklich alle Geschlechter angesprochen.

MIX
Papier aus verantwortungsvollen Quellen
FSC® C014496
FSC www.fsc.org

Klimaneutral
ClimatePartner.com/14044-1912-1001
Druckprodukt

Penguin Random House Verlagsgruppe FSC® N001967

Redaktion: Dr. Daniela Gasteiger
Umschlaggestaltung: zero-media.net, München
Umschlagmotiv: FinePic®, München
Satz: Uhl + Massopust, Aalen
Druck und Bindung: GGP Media GmbH, Pößneck
Printed in Germany
ISBN 978-3-466-37283-6
www.koesel.de

Inhalt

Gewaltfreie Kindheit ist möglich

Erwachsene sind zu hundert Prozent für ihren Umgang mit Kindern verantwortlich – Punkt.

»Stell dich nicht so an!« – »Jetzt komm schon, mach schneller!« – »Sitz gerade und nimm die Ellbogen vom Tisch!« – »Du entschuldigst dich jetzt sofort!« – »Mach endlich Hausaufgaben!« – »Ich drehe noch durch mit dir!« – »Das ist doch nicht schlimm!« – »Mach nicht so ein Theater!« – »Wenn du jetzt nicht sofort dein Zimmer aufräumst, dann nehme ich dir dein Handy weg!« Eventuell kennen Sie den ein oder anderen Satz. Vielleicht aus Ihrer Kindheit, vielleicht haben Sie ihn schon selbst ausgesprochen – vielleicht beides.

Das sind Sätze, die in Kindheiten viel zu oft vorkommen. Sätze, mit denen Kinder noch immer »erzogen« werden. Sätze, durch die Kinder über ihre engsten Bezugspersonen erfahren, wie man verbale und nonverbale Gewalt, beispielsweise durch abschätzende Gesten, abwertende Blicke und desinteressiertes Verhalten, ausübt. Dadurch lernen Kinder gleichzeitig auch, sich selbst nicht zu mögen. Denn Menschen – und Kinder sind bekanntlich Menschen –, die ständig kritisiert und selten gefragt werden, was sie sich wünschen oder gar brauchen, kommen möglicherweise zu der festen Überzeugung, dass sie falsch sind, so wie sie sind, dass sie falsche Gefühle fühlen. Und, Hand aufs Herz – das ist fatal für jegliche zukünftige Entwicklung.

Zum Glück besteht längst Konsens darüber, dass körperliche Gewalt gegenüber Kindern nicht nur strafbar, sondern auch gesellschaftlich geächtet ist. Trotzdem gehört sie für viele Kinder noch immer zum Alltag. Besonders entsetzliche Fälle, vor allem sämtliche Formen sexualisierter Gewalt, beherrschen dann sofort die Medien und sorgen für große Aufregung und Entsetzen. Fast alle Menschen nehmen sexualisierte Gewalt an Kindern als besonders abscheulich wahr und prangern sie an – und das ist auch gut so.

Worüber jedoch immer noch viel zu wenig berichtet und gesprochen wird, sind subtile, teilweise unsichtbare Formen von Gewalt. Sie hinterlassen keine äußeren Spuren, sind in ihren Konsequenzen allerdings ebenso zerstörerisch wie alle anderen Formen von Gewalt. Darum geht es mir in diesem Buch: um die oft unerkannte, die unbewusste, die alltägliche, die unblutige, die versteckte, die psychische, die emotionale Gewalt. Jene Art von Gewalt, die nach meiner persönlichen und professionellen Erfahrung tagtäglich in sehr vielen Familien stattfindet: am Essenstisch, beim Zubettbringen, beim Hausaufgaben machen. Eine Gewalt, die sich in Worten, in Blicken, in Gesten, durch als »Grenzen und Konsequenzen« getarnte Bestrafungen, in Erwartungen, Anforderungen und anderen starren Konventionen ausdrückt. Jene Gewalt, die gegen die Bedürfnisse der Kinder durchgesetzt wird, und zwar durchaus auch von liebevollen Eltern und pädagogischen Fachkräften in Kitas und Schulen, also von Menschen, die für Kinder nur das Beste wollen. Diese Form von Gewalt bedeutet nicht zwangsläufig, dass Eltern sich nicht für ihre Kinder interessieren, sie schlechte Eltern sind oder es grundlegende Probleme in diesen Familien gibt. Sie tritt häufig auf, weil Eltern ihre eigenen hohen Erwartungen und den Druck, der von außen auf sie ausgeübt wird, an ihre Kinder weitergeben. Heutige Eltern wollen es besser machen als ihre eigenen und handeln aus gutem Glauben, aber leider oft noch unreflektiert. Sie kommen nicht so recht aus dem Kreislauf ihrer eigenen Erfahrungen heraus, haben Sorge, Fehler zu machen, sind ratlos und leiden unter Schuldgefühlen. Genau an diesem Punkt setzt dieses Buch an. Es geht nicht um Perfektion – es geht um eine innere Haltung.

Ganz egal, wohin wir blicken, wir entdecken fast überall Erwachsene, die unter dem, was sie selbst als Kinder erlebt haben, leiden.

Es sind Menschen, die aus ganz »normalen« Familien stammen, in denen die oft »üblichen« Erziehungsmethoden angewendet wurden – unerbittlicher Leistungsdruck, starre Regeln, Beschämung, Eindringen in die Privatsphäre, Gewalt durch Worte, Entzug von Privilegien, beispielsweise durch Hausarrest oder Fernsehverbot. Hinzu kommt in vielen Familien chronischer Streit zwischen den Eltern oder Bloßstellungen der Kinder vor anderen Kindern, Nachbarn oder Verwandten. Diese Gewalt betrifft jeden von uns. Wir alle kennen Worte, die sich in der Kindheit wie Pfeile in uns gebohrt und bis heute Narben hinterlassen haben. Wenn wir mutig auf unser Leben schauen und es wagen, einen Blick in den einen oder anderen Abgrund zu werfen, werden wir vermutlich Verletzungen erkennen und fühlen, auf die wir gerne verzichtet hätten. Mancher wird in seinem Herzen Erinnerungen aus längst vergangenen Tagen finden, die auch nach all den Jahren, in ganz bestimmten Situationen, immer noch und immer wieder seelische Schmerzen verursachen. Das sind die sogenannten Triggerpunkte.[1] Wir alle haben sie, und es ist notwendig, sie zu kennen, damit man lernt, mit ihnen umzugehen. Danach sind sie weniger schmerzhaft, wenn wieder jemand den sprichwörtlichen Finger in die Wunde legt. Man kann diese »wunden Punkte« als stressverstärkende Denkmuster[2] bezeichnen, die folgende Kernthemen fokussieren:

- Ich muss perfekt sein.
- Ich muss beliebt sein.
- Ich muss die Kontrolle behalten.

Wenn ich in meinem Institut für kindgerechte Pädagogik Eltern und Fachkräfte berate, kommt das Thema »Triggerpunkte« früher oder später immer zur Sprache. Ich erkläre gerne an folgendem Beispiel, wie das sich im Alltag darstellen kann: Stellen Sie sich vor, Sie sollen für das Sommerfest im Kindergarten eine große Schüssel Kartoffelsalat machen. Sie wollen allen zeigen, was für eine gute Köchin Sie sind, und suchen stundenlang nach dem perfekten Rezept. Sie kaufen die besten Kartoffeln und alle anderen Zutaten natürlich im Bioladen. Am Abend vor dem Fest, nachdem Sie Ihre Kinder ins Bett gebracht haben, schälen und schnibbeln Sie noch eine ganze Weile. Sie geben sich viel Mühe, einen schmackhaften Kartoffelsalat zu kreieren, und verzieren ihn mit Petersilie und Radieschenröschen. All das kostet Sie Zeit, die Sie eigentlich nicht haben, doch Sie wollten die Bitte nicht ablehnen, weil sich alle am Sommerfest beteiligen und Sie nicht die Ausnahme sein wollten. Das Sommerfest ist ein voller Erfolg, die Sonne scheint, die Menschen amüsieren sich, sie essen und trinken, nur Ihr Kartoffelsalat steht unangetastet auf dem Buffet. Wie geht es Ihnen jetzt, was macht das mit Ihnen? Fühlen Sie sich abgelehnt, sind Sie enttäuscht, wütend, verletzt? Warum isst niemand von Ihrem Salat, was vermuten Sie?

Der Punkt ist: Sie beziehen Ihre Vermutungen teilweise auf sich selbst, auf Ihr Können und womöglich auf Ihre Beliebtheit, Sie *wissen* aber nicht, warum die Schüsseln mit dem Gurkensalat und dem Nudelsalat leer sind und Ihre Schüssel noch voll ist. Solange Sie das nicht herausgefunden haben, zeigen Ihre Vermutungen Ihnen Ihre wunden Punkte – Ihre Trigger. Und so kann es sein, dass Sie sich in einem ewigen Kampf mit sich selbst befinden und Ihre negativen Vermutungen über sich selbst zu Ihren Lebensfeinden werden.[3]

Warum der Blick auf sich selbst und die Meinungen, die wir von uns haben, so wichtig sind, erfahren Sie im zweiten Teil dieses Buches. Dort geht es darum, wie wir es schaffen können, mehr Bewusstsein für emotionale Gewalt zu erreichen und das Leben der Kinder freier und kindgerechter zu gestalten.

Fakt ist: Eigene Erziehungserfahrungen fordern ihren Tribut. Sie zeigen sich oft in Glaubenssätzen, verinnerlichten Normen und Werten oder Ängsten und Erwartungen. Wenn zum Beispiel eine Frau in einer Familie aufgewachsen ist, in der Gefühle nicht ausgedrückt worden sind oder in der es ständig Angst davor gab, was die Nachbarn möglicherweise denken, dann können diese Strukturen sie so nachhaltig geprägt haben, dass sie als Mutter dieselben Muster unbewusst auf ihre Kinder überträgt. Das kann sich auch in bestimmten Ritualen, Erziehungspraktiken oder überzogenen Erwartungen zeigen.

Viele Eltern sind heute stolz darauf, dass sie nicht mehr den Erziehungsstil ihrer eigenen Elterngeneration pflegen und ihre Kinder nicht anschreien, strafen und schlagen – sie setzen stattdessen auf bedürfnisorientierte Begleitung. Wer einen Blick in die sozialen Medien, Elternmagazine, Blogs und auf die Bestsellerlisten wirft, erkennt schnell: Erziehung ist out, Beziehung ist in – und das ist gut so. Endlich haben die grundlegenden Ergebnisse der Bindungsforschung, dass Kinder Nähe brauchen und sich am besten über sichere Beziehungen entwickeln, Einzug in die Familien, Kitas und Schulen gefunden, und endlich trauen sich immer mehr Menschen, Kinder liebevoll zu begleiten, anstatt sie gewaltvoll zu erziehen.[4] Allerdings ist meine berufliche Erfahrung, dass es sich bei diesen, ich nenne sie gerne »neue« Eltern, nach wie vor um eine Minderheit handelt und die breite Masse der Eltern und Pädagogen und Pädagoginnen noch immer althergebrachte Erziehungsmethoden anwendet – weit weg von Bedürfnisorientierung. Das geht heute, wenigstens offiziell, ganz und gar nicht mehr. Inoffiziell wird aber weiterhin oft Erziehung im konservativen Sinn gepflegt, bei der Kindern in Familien, Kitas und Schulen permanent feste Regeln und Ansprüche übergestülpt werden und sie weder in Entscheidungen miteinbezogen noch als Persönlichkeiten gewürdigt werden. Kinder werden oft subtil vernachlässigt, verglichen, ignoriert, gedemütigt, erpresst und beschimpft – um nur ein paar Beispiele zu nennen. All das ist jedoch Gewalt. Solche frühen Erfahrungen müssen nicht unbedingt zu schwerwiegenden Traumata führen, doch sie hinterlassen Spuren auf der Seele – Spuren, die im schlimmsten Fall ein Leben lang negativ beeinflussen.

Vor kurzem beobachtete ich zwei Paare in einem italienischen Restaurant bei der Bestellung des Abendessens. Die etwa achtjährige Tochter eines der Paare saß ebenfalls mit am Tisch. In dem sehr kleinen Lokal gibt es keine Speisekarte. Die Chefin des Hauses kommt mit einer Schiefertafel, auf der die Tagesgerichte stehen, an jeden Tisch und liest das Angebot zusätzlich vor. Die vier Erwachsenen wussten schnell, was sie essen wollten, und gaben ihre Bestellung auf. Danach richteten sich alle Augen auf das Mädchen, das sich sichtlich unwohl fühlte, weil es sich nicht so schnell entscheiden konnte. Sofort wurde sein Vater ungeduldig: »Jetzt entscheide dich endlich! Du musst doch wissen, was du willst! Los jetzt, mach schon, oder glaubst du, die Dame möchte ewig hier stehen und warten, bis das Fräulein ausgewählt hat? Wenn du nicht weißt, was du willst, dann hast du auch keinen Hunger!« Ich sah, wie das Kind immer mehr in sich zusammensank und seine Augen sich mit Tränen füllten. Die Tochter lehnte sich an ihre Mutter, die sogleich Pasta mit Tomatensoße für sie bestellte. Der wütende Patriarch reagierte daraufhin noch erzürnter und schrie seine Frau im voll besetzten Restaurant laut an: »Erziehe dein Kind endlich mal richtig, ich habe keine Lust mehr, mich ständig mit ihr zu blamieren!« Die derart harsch angesprochene Partnerin kämpfte jetzt ebenfalls mit den Tränen, nahm sich aber zusammen und schloss sich der gepflegten Konversation der übrigen Erwachsenen an. Das kleine Mädchen saß, sich weiterhin klein machend, auf seinem Stuhl und starrte unglücklich und apathisch vor sich hin. In dieser Familie scheint das der übliche Umgangston zu sein, dachte ich entsetzt und wollte mir die Auswirkungen auf das Kind gar nicht näher ausmalen.

Ich möchte Eltern, aber auch Pädagogen in Institutionen wie Kitas und Schulen aufrufen, ihren Umgang mit Kindern zu hinterfragen und antiquierte Erziehungsgedanken hinter sich zu lassen. Den Beobachtungen nach, die ich im Rahmen meiner Berufstätigkeit als Coach und Dozentin in den vergangenen Jahren in über 500 Kitas gemacht habe, zählt dort zu oft nicht das Kind, nicht das Menschsein, sondern nur die Effizienz der Institution. Betreuung und Bildung heißt leider in vielen Bereichen noch immer, Kinder vor allem zu verwalten und nicht, Kinder im Leben zu begleiten. Das hat viele Ursachen: von Sparzwängen über wirtschaftliche Gründe bis hin zur mangelnden Wertschätzung von Kindern und Familien. In unserer globalisierten Welt werden Kinder oft als Humankapital gesehen, als

 Arbeitnehmer und Unternehmer der Zukunft, die sich in weltweiter Konkurrenz bewähren müssen. Diese imaginären Erwartungen machen vielen Eltern Angst. Die Ansprüche, die heute an Kinder und ihre Familien gestellt werden, sind hoch. Viele Erwachsene und Institutionen erwarten bereits von Kindergartenkindern Leistung und Anpassung, daher versuchen Eltern krampfhaft, nur ja alles richtig zu machen, und greifen unter Stress zu den falschen Mitteln. Ihnen ist dies meist nicht bewusst, weil sie doch »ganz normal« mit ihren Kindern umgehen. Doch diese »Normalität« bedeutet oft, Kindern emotionale Gewalt anzutun. Und genau die gerade beschriebene unreflektierte Art des Umgangs mit Kindern, die unseres Schutzes, unserer Fürsorge und unserer vollen Aufmerksamkeit bedürfen, um zu starken, gesunden und glücklichen Erwachsenen heranzuwachsen, bedarf dringend eines Umdenkens. Wie notwendig ein Diskurs über emotionale Gewalt ist, sehe ich auch in meinen Elternberatungen immer wieder. Die Kluft zwischen angestrebter Bedürfnisorientierung in der Erziehung und gelebtem Alltag ist oft groß.

Wenn wir irgendwann in einer friedlichen Welt leben wollen, dann müssen wir Kindern die Möglichkeit geben, zu erfahren, was Frieden bedeutet, wie man Konflikte löst, ohne andere Menschen zu verletzen. Kinder können lernen, Bedürfnisse auszutarieren, damit alle Platz haben und es keine Verlierer gibt. Wir alle vergessen noch viel zu oft, dass Kinder unserer Macht als Erwachsene, als Vorbilder und als Autoritätspersonen hilflos ausgeliefert sind. Und wir vergessen, dass wir heute den Samen säen für die Menschen, die morgen erblühen.

Ich bin mir ziemlich sicher, dass Ihnen beim Lesen dieser Zeilen bereits mehr als eine Situation vor Augen stand, in der die Worte oder Handlungen eines Elternteils, Großelternteils, Erziehers oder Lehrers Sie als Kind bis ins Mark getroffen haben, so sehr, dass Sie die Situation und den seelischen Schmerz bis heute nicht vergessen konnten. Und damit sind wir beim wichtigsten Punkt: Erziehung, so wie sie bisher verstanden wurde und teilweise noch wird, schafft verletzte Menschen. Nicht länger auf der körperlichen Ebene, wie es bis vor kurzer Zeit noch oft der Fall war – doch auf der seelischen.

Seelisch versehrte Menschen entwickeln so etwas wie Ablenkungsmanöver rund um ihre Verletzungen.[5] Manchen von ihnen gelingt es hervorragend, trotz aller Wunden und Narben zu »funktionieren« und sehr erfolgreich zu sein, anderen wieder gar nicht. Einige werden für sich selbst zur Last, andere für den Rest der Gesellschaft. Vermutlich ist es für traumatisierte Menschen immer etwas schwieriger, mit sich selbst und dem Leben zufrieden und glücklich zu sein. Im Idealfall meistern sie ein Erwerbsleben, ohne psychisch zu erkranken. Die steigenden Zahlen seelischer Erkrankungen, die Kranken- und Rentenversicherungen jedes Jahr veröffentlichen, sprechen allerdings eine deutliche Sprache.[6] Und keine Depression, keine Angststörung und auch keine Suchterkrankung fällt einfach so vom Himmel – die Ursachen dafür liegen häufig schon in der Kindheit.

Untersuchungen belegen zudem eindeutig:[7] Wer Gewalt als Form des normalen Umgangs in einer Familie erfahren hat, wird diese mit höherer Wahrscheinlichkeit auch in seinen zukünftigen Beziehungen leben. Das gilt für physische Gewalt[8] und ist bei psychischer Gewalt nicht anders. So entsteht im großen Maßstab ein gesamtgesellschaftliches Klima, in dem es um oben und unten, um Macht und Ohnmacht geht und darum, sich den anderen nutzbar zu machen, einfach deshalb, weil man es kann. Kinder lernen unter Umständen, dass sie als Objekte behandelt werden, und behandeln andere als Objekte, sobald sie an der Macht sind.[9] Allein der Missbrauch von Macht ist Gewalt, und das hat natürlich Auswirkungen auf unseren Umgang miteinander – im Beruf, in Partnerschaften, im Dialog mit Kindern, in sozialen Netzwerken, in der Gesellschaft.

Der Druck, der heute auf Familien und allen voran Müttern lastet, ist enorm. Nicht nur die Erwachsenen haben darunter zu leiden, sondern auch besonders ihre Kinder. Sie sind es, die am wenigsten Einfluss auf die Bedingungen haben, unter denen sie aufwachsen. Durch äußeren Druck und zu hohe Erwartungen entsteht in vielen Eltern innerer Druck, der sich in Wut und Aggression äußern kann, was eine Gefahr für die Kinder darstellt. Dieser Druck innerhalb der Familiendynamik wurde in der Corona-Pandemie noch erhöht,[10] was zu einer nachweislichen Verschärfung zwischenmenschlicher Gewalt geführt hat. Schätzungen der Weltgesundheitsorganisation zufolge haben zunehmende Angst, wachsende Sorgen, gestiegene finanzielle Belastungen und auch vermehrter Alkoholkonsum dazu beigetragen, dass in sämtlichen Ländern der europäischen Region jedes dritte Kind eine Form von zwischenmenschlicher Gewalt durch wütende, angstvolle und überforderte Eltern, Betreuungspersonen, gleichaltrige oder andere Familienmitglieder erlebt hat.

Wut, Angst und andere häufig als negativ geächtete Gefühle gehören zu unserem menschlichen Gefühlsspektrum und haben ihren Sinn und ihre Daseinsberechtigung. Wir können und sollten aber lernen, mit diesen Emotionen umzugehen, denn Kinder lernen wiederum von uns und an unserem Beispiel. Deshalb ist es so wichtig, dass wir als Gesellschaft Familien stärken, dass wir die Umgangsweise mit den uns anvertrauten Kindern ins Zentrum stellen und besser auf ihre Bedürfnisse eingehen.

Kinder sind keine kleinen Erwachsenen, sie sind nicht hier, um den Großen zu gehorchen und sich anzupassen. Sie sind Kinder und müssen als solche wahrgenommen, wertgeschätzt, geliebt und beschützt werden! Kinder brauchen sichere Räume, um zu wachsen und sich gesund zu entwickeln – zu Hause, im Kindergarten, in der Schule, im öffentlichen Raum, wie beispielsweise in Vereinen, Parkanlagen und Spielplätzen.

Wir Menschen sind handelnde Subjekte. Wir können die Werte, nach denen wir agieren, jederzeit hinterfragen. Uns ist gegeben, die Welt zu verändern, das haben wir bereits mehrfach getan. Vor allem im Umgang mit unseren Kindern müssen wir nicht im ewigen Einheitsbrei bisheriger Erziehungsmethoden verharren – wir können es auch anders machen.

Ich schreibe dieses Buch aus der Expertinnenperspektive einer Erziehungswissenschaftlerin und als empathischer, engagierter Mensch, der an das Gute im Menschen und an nachhaltiges Lernen in jedem Alter glaubt. In über 25 Berufsjahren habe ich in circa 35.000 Stunden Eltern und Pädagoginnen gecoacht und beraten. In allen diesen Stunden ging es und geht es nach wie vor um Kinder. Darum, was Kinder brauchen, damit sie ein kindgerechtes Leben haben, sich gesund entwickeln und möglichst gerne lernen. Um das Lernen geht es auch in diesem Buch, denn wir können lernen, unsere Beziehung mit uns selbst und dadurch auch mit unseren Kindern zu verändern.

Ich möchte dieses Buch als Plädoyer für einen würdevollen Umgang mit Kindern verstanden wissen. Schenken wir ihnen eine gewaltfreie(re) Kindheit und damit uns allen eine friedliche(re) Welt. Gemeinsam können wir diese wichtige individuelle und gesellschaftliche Veränderung in Richtung einer gewaltfreien Kindheit für alle schaffen – davon bin ich überzeugt. Wollen wir uns auf den Weg machen und sofort beginnen?

Dr. Anke Elisabeth Ballmann

TEIL I

Kinderseelen in Gefahr

KAPITEL 1

Formen der Gewalt – das Zuhause als größte Gefahr?

Dort, wo Kinder in Sicherheit sein sollten, werden ihnen oft die größten Verletzungen zugefügt.

Kinder sind uns Erwachsenen hilflos ausgeliefert, das muss uns im Umgang mit Kindern immer klar sein. Die meiste Gewalt erfahren Kinder dort, wo die größte Sicherheit sein sollte – in ihrem Zuhause, bei ihren Eltern, Geschwistern und Großeltern. Und nein, das ist keine Übertreibung, sondern die nackte und oft grausame Wahrheit.

Als vor einigen Jahren die Rechtsmediziner Michael Tsokos und Saskia Guddat das Buch *Deutschland misshandelt seine Kinder* veröffentlichten,[11] waren viele Menschen entsetzt über das Ausmaß der alltäglichen körperlichen Gewalt gegen Kinder, die sie zumeist in ihrem eigenen Zuhause ertragen mussten. Der Schock saß tief, denn vor dieser Lektüre war kaum jemandem klar, wie viele Eltern existieren, die ihre Kinder beißen, sie mit Bügeleisen und Zigaretten verbrennen, fesseln, einsperren und blutig prügeln. Daran hat sich bis heute wenig geändert. Misshandlung, Vernachlässigung und sexualisierte Gewalt gegen Kinder sind nach wie vor Alltag in viel zu vielen Familien und Institutionen. Das bedarf unser aller Aufmerksamkeit, wir alle müssen hinsehen, hinhören und vor allem agieren. All dieses Leid passiert gleich nebenan, nicht irgendwo und weit weg. Ich finde es schier unerträglich, das zu wissen, und noch unerträglicher, wenn jemand etwas vermutet, sich aber lieber nicht einmischt. Weil vielleicht nichts ist, und man will auch nicht gleich eingreifen, und es geht einen auch nichts an, und es sind ja sonst so nette Nachbarn, und das kann eigentlich nicht sein, man will auch keinen Ärger. Was für Ausreden zur Gewissensberuhigung!

Physische Gewalt gegen Kinder ist furchtbar und ein Problem, bei dem wir als Gesellschaft nicht wegsehen dürfen. Doch sie ist auch ein Thema, das hier nur gestreift werden kann. Ich schreibe in diesem Buch von jenen Formen der Gewalt, die subtiler, normaler, alltäglicher sind und genauso tiefe Spuren hinterlassen können, wenn diese auch nicht in Form von verbrannter Haut, Narben und blauen Flecken sichtbar sind. Es sind Spuren auf der Seele, die oft erst nach vielen Jahren, in der Pubertät oder im Erwachsenenleben, deutlich an die Oberfläche treten und zu Belastungen werden. Diese unsichtbaren Narben können starke Auswirkungen auf jedes einzelne Kind haben und damit auf die gesamte Gesellschaft.

In den meisten erziehenden Köpfen herrscht auch heute noch die Überzeugung vor: Man muss Kindern Grenzen setzen! An diesem Credo hat bis auf einige kleine experimentierfreudige Gruppen in den 1970er und 1980er Jahren bislang noch keine Generation wirklich gerüttelt. Allerdings regt sich seit mittlerweile zehn Jahren Widerstand, der zunehmend auch von der Forschung[12] unterstützt wird. Die stetig steigende Anzahl beziehungsorientierter Mütter und Väter zeigt, dass ein Leben mit Kindern gewaltfrei oder zumindest gewaltbewusst hervorragend funktionieren kann. Diese neuen Eltern nehmen ihre Kinder ernst, sie interessieren sich für sie, sie beziehen sie in Entscheidungen mit ein, sie sehen die Bedürfnisse der Kinder – nicht immer, aber überwiegend. Das bedeutet nicht, dass Kindern jeder Wunsch erfüllt wird, aber ihre Bedürfnisse werden respektiert. Keine Sorge, das bedeutet auch nicht, dass es keine Grenzen gibt, doch sind es keine willkürlichen Grenzen, sondern durchdachte – ich nenne sie Schutzgrenzen und Empathiegrenzen, denn Kinder sind keine Inseln und ihre Grenzen sind dort, wo sie Schutz brauchen oder an die Grenzen anderer Lebewesen kommen.

Doch abgesehen von diesen – noch – relativen Einzelmeinungen einiger schon sehr reflektierter Eltern, deren Bücherregale vermutlich gut gefüllt sind mit den Werken von Nicola Schmidt, Nora Imlau, Herbert Renz-Polster und Jesper Juul, gilt nach meiner beruflichen Erfahrung nach wie vor das Motto: Kinder brauchen Erziehung und damit auch eine gewisse Form von Strenge. Durchgesetzt wird diese Erziehung heute zunehmend nicht mehr durch Schläge, aber in Form von Demütigung, von Beschämung, Ausgrenzung und Herabsetzung. Vielen ist gar nicht bewusst, dass sie damit schon auf der Klaviatur emotionaler und psychischer Gewalt spielen.

Häufig wird diese Art von Gewalt damit gerechtfertigt, dass sie zum Besten der Kinder sei. Die, so glauben viele Menschen nach wie vor, nicht verwöhnt werden dürfen,[13] damit sie nicht zu kleinen oder großen Tyrannen heranwachsen. Und sie sollen hart genug werden, um da draußen in der Welt bestehen zu können. Ich weiß nicht mehr, wie oft ich in meinen Coachings sowohl von Eltern als auch von Erzieherinnen schon gehört habe, dass man Kinder abhärten muss, weil sie sonst weder in der Schule noch im Leben zurechtkämen. Ich frage dann immer, ob sie auch für eine etwaige Hungersnot vorbereitet würden, indem man ihnen mal ein paar Tage jegliche Nahrung verwehrt. Die Angst vor der »Verweichlichung« von Kindern ist alt, aber nicht unauslöschlich.

Im Laufe des Buches werde ich noch darauf eingehen, was es mit diesem vermeintlichen Verwöhnen auf sich hat. Doch zunächst möchte ich auf die Formen alltäglicher Gewalt hinweisen, die oft gar nicht wie Gewalt erscheinen, sondern Teil einer Erziehung sind, von der Eltern denken, dass sie von der Gesellschaft erwartet wird.

Die helfende Hand – aus meinem Beratungsalltag

Ich bin keine Psychotherapeutin, sondern Erziehungswissenschaftlerin mit fast dreißig Jahren Berufserfahrung. Ich therapiere keine Störungen, ich berate Erwachsene und Kinder, wenn es um alltägliche Herausforderungen in Kita und Schule geht. Meine größte Leidenschaft ist das Lernen, und ich weiß, lernen kann man in jedem Alter – es kommt nur auf die innere und äußere Umgebung an. Vor allem bin ich ein zugewandter, pragmatischer Mensch mit großen Erwartungen und noch größerem Verständnis für wiederholtes Scheitern. Wenn man sich selbst erst einmal damit arrangiert hat, dass das Streben nach Perfektion zu täglichem Scheitern führt, gesteht man Erwachsenen und noch viel mehr Kindern Freude am Fehlermachen zu, denn genau durch diese Fehler lernen wir. Je nach Typ und Tempo unterschiedlich viel und schnell. Ich wage es nicht, nicht einmal in meinem Institut, Menschen zu beraten, die nicht explizit einen Rat wünschen. Das empfinde ich als übergriffig. Stattdessen biete ich gerne eine helfende Hand in Form von Reflexionsfragen, Provokationen, humorvollen Anmerkungen und manchmal auch durch Geschichten aus meinem Beratungsalltag an.

In diesem Buch finden Sie meine helfende Hand in jedem Kapitel. Ich lade Sie herzlich dazu ein, sie zu ergreifen – denn bei einem so ernsten und wichtigen Thema können wir alle helfende Hände gebrauchen, weil wir nur gemeinsam große Veränderungen schaffen können.

Wenn Eltern oder Fachkräfte bei mir im Institut sind, kommen sie mit ganz bestimmten Vorstellungen, wie sie mit Kindern umgehen möchten. Sie berichten mir, dass sie in den Herausforderungen des Alltags nicht einmal in die Nähe ihrer Träume von Geduld, Verständnis und Frieden kommen und ständig unzufrieden mit sich sind. Sie suchen Tipps und Tricks,

Ratschläge, lesen sich durch Blogs, Instagram und Ratgeber, lesen mehr und mehr und merken letztendlich: Der Schlüssel zu friedvoller Erziehung (Sie können es auch gerne Begleitung nennen) liegt in ihrem Umgang mit sich selbst. Ich frage in diesen Gesprächen gerne: Wie ist das bei Ihnen, wo beginnt Gewalt für Sie? Wann haben Sie zuletzt mit einem Kind geschimpft? Haben Sie heute schon Worte ausgesprochen wie »Du bist unmöglich!« oder »Wenn du nicht x machst, dann passiert y!«? Haben Sie heute schon Zwang und Drohungen angewendet, um bei einem Kind ein gewünschtes Verhalten zu erreichen? Ja? Wunderbar, dann haben auch Sie heute schon Fehler gemacht, denn dass es falsch ist, das wissen Sie. Und Sie werden diese Fehler immer wieder machen. Nun können Sie sich den Rest des Tages selbst zerfleischen oder Sie könnten den Blick darauf werfen, was Ihnen heute schon alles gelungen ist, sich darüber freuen und sich überlegen, wie Sie dem Kind, das Sie angemotzt haben, zeigen können, wie sehr Sie es wertschätzen und lieb haben – auch heute, auch nach Ihrem Streit.

Ausdrucksformen verbaler Gewalt

Kinder sind verletzlich – nicht nur körperlich, sondern gerade auch auf der emotionalen Ebene. Welche Worte, welches Verhalten und welche Blicke Kinder in welchem Ausmaß verletzen und was die Auswirkungen dieser schmerzvollen Erlebnisse auf ihr weiteres Leben sind, hängt von den äußeren Umständen und der individuellen Entwicklung in den verschiedenen Lebensphasen ab. Wichtige Entwicklungsphasen sind beispielsweise das erste Lebensjahr, die Autonomiephase etwa um das dritte Jahr herum, die Wackelzahnpubertät,[14] die Kinder zwischen dem fünften und siebten Lebensjahr besonders sensibel macht, weil sich sowohl körperlich als auch geistig unglaublich viel verändert, und die hormonell gesteuerte Pubertät. In dieser Phase reagieren Kinder und Jugendliche besonders vulnerabel auf Erfahrungen emotionaler Vernachlässigung, Kränkung oder Ablehnung,weil sie sich auf der Reise ins Erwachsenenleben neu finden und erfinden.

Bei emotionalen Verletzungen handelt es sich nicht immer um tiefgreifende Schocktraumata wie beim Erleben einer Naturkatastrophe oder eines schweren Unfalls, tatsächlich reichen schon chronische Konflikte in den Beziehungen zu wichtigen Bindungspersonen oder das Miterleben chronischer Konflikte, um traumatisches Erleben auszulösen. In solchen Fällen spricht man von Bindungs- oder Entwicklungstraumata.[15] Wenn man diese breite Definition von Trauma betrachtet, wird deutlich, dass jeder von uns mehr oder weniger Traumata aus der eigenen Kindheit mit sich herumträgt. Ich wage zu behaupten, dass jeder Erwachsene in seiner Kindheit – absichtlich oder unabsichtlich – auf irgendeine Weise seelisch verletzt wurde.

Verbale Gewalt kann sich in unsere Psyche regelrecht eingraben und dort eine verheerende Wirkung entfalten.[16] Wer von uns hat nicht selbst in der Kindheit und Jugend Sätze gehört wie »Aus dir wird nichts« – »Du taugst nichts« – »Das schaffst du nicht« – »Du bist dumm« – »Du bist dick« – »Das habe ich dir doch gleich gesagt«? In diesem Buch geht es daher nicht nur darum, für diese Formen der Gewalt zu sensibilisieren, sondern auch Wege aufzuzeigen, wie wir Kinder liebevoll begleiten und zu gesunden und starken Erwachsenen werden lassen.

Es ist möglich, dass einiges, was Sie in diesem und in den nachfolgenden Kapiteln lesen, in Ihnen Gefühle von Schuld und Scham auslöst. Ich lade Sie ein, diese Gefühle als Teil eines wichtigen Prozesses zu betrachten, an dessen Ende Sie sich selbst und Ihre Kinder besser verstehen und zu einem anderen, respektvolleren und achtsamen Umgang mit sich selbst und Ihrer Familie gelangen können. Denn das Zuhause sollte immer ein sicherer und liebevoller Ort für Kinder sein und kein gefährliches Minenfeld, in dem ein Satz oder auch nur ein falscher Blick Explosionen unterschiedlicher Natur auslösen kann.

Eine Studie des Erziehungswissenschaftlers Holger Ziegler aus dem Jahr 2013 zeigt, dass von 900 befragten Kindern und Jugendlichen im Alter zwischen sechs und 16 Jahren 25,1 Prozent schon einmal von einem Erwachsenen als »dumm« oder »faul« beschimpft worden waren. Ein Fünftel erklärte, dass Erwachsene ihnen das Gefühl gegeben hätten, weniger wert zu sein als andere junge Menschen (21 Prozent).[17] Was glauben Sie, macht es mit Kindern, wenn Erwachsene, von deren Liebe, Anerkennung und Zuwendung sie abhängig sind, so zu ihnen sprechen?

Vor kurzem habe ich eine in diesem Sinn typische Szene in einem Supermarkt erlebt. Ein offensichtlich übermüdeter, etwa dreijähriger Junge brachte seinen Unmut kraftvoll und laut brüllend zum Ausdruck. Die Mutter schien mit ihren Nerven ebenso am Ende wie ihr Sohn und wusste sich nicht mehr anders zu helfen als durch diese Aussage: »Hör auf zu schreien, ich ertrage es nicht mehr, gleich gehe ich ohne dich!« Und ein weiterer Wortpfeil hat eine kindliche Seele getroffen, mit möglichen späteren Auswirkungen, die weder die Mutter noch ihr Kind in diesem Augenblick ermessen können. Niemand weiß, wie schwer der Tag für diese beiden bisher war. Vielleicht wurde der Junge noch nie angeschrien, vielleicht ist es der übliche Ton dieser Mutter. Sicher ist, das Kind ist sehr erschrocken, und nach der Eskalation waren beide noch unglücklicher und gestresster als vorher.

Schimpfworte sind nicht die einzige Ausdrucksweise verbaler Gewalt. Sie zeigt sich ebenfalls durch die Drohung des Verlassens wie im geschilderten Fall, aber auch durch Zuschreibungen und Abwertungen, entwürdigende Bezeichnungen, öffentliche Demütigungen, Bloßstellungen, Drohungen, Anschreien, Einschüchterungen, Entmutigung, bewusstes Angstmachen, ständiges Ermahnen, die Negation von Gefühlen, Schuldzuweisungen, Vorwürfe, das Bagatellisieren kindlicher Leiderfahrungen, das »Vergessen« getroffener Vereinbarungen. Demütigende Witze und Scherze sowie absichtliches Ignorieren gehören ebenfalls in diese Kategorie.

Der sensible Prozess der kindlichen Ich-Werdung

Nicht nur Worte können Pfeile sein. Auch nonverbales Verhalten wie Augenrollen, ein Kind ständig absichtlich zu übersehen oder nicht aussprechen zu lassen,[18] repräsentiert Gewalt und verletzt die Integrität eines jungen Menschen. Körpersprache und Mimik der Erwachsenen haben einen großen Einfluss darauf, wie Kinder sich und die Welt wahrnehmen. Liebesentzug und nicht verfügbar zu sein als eine Form von Strafe kann dramatische Auswirkungen haben. Wenn ich einem Kind vermittle, dass meine Liebe zu ihm an Bedingungen geknüpft ist, dann konditioniere ich es und mache eine Marionette aus ihm. Kinder kooperieren und tun fast alles, um Liebe und Aufmerksamkeit zu bekommen, sie schaden sich oft selbst, nur damit sie beachtet werden, und sie verleugnen ihre Bedürfnisse, damit sie geliebt werden.[19] All das ist fatal, denn Marionetten können nicht ganz plötzlich von allein laufen und ein verantwortungsvolles Leben führen. Das gilt auch für entsprechend konditionierte Kinder, die zu jungen Erwachsenen werden.

Kinder müssen sich selbst kennenlernen, dazu gehört, dass sie Grenzen haben dürfen, ihre Grenzen zeigen dürfen, und dass ihre Grenzen nicht übertreten werden, also ihre Integrität gewahrt wird – ein schwieriges Thema, wenn es um Kontrolle geht. Denn auch Kontrolle ist Gewalt. So ist das Eindringen in die Privatsphäre eines jungen Menschen ein sensibler Bereich, auch wenn dies häufig mit der Absicht, das Kind beschützen zu wollen, geschieht, etwa, wenn das Zimmer durchsucht oder Handys kontrolliert werden. Kinder erleben das als zutiefst übergriffig. Sie haben dann selbst keine Kontrolle mehr über ihren eigentlich geschützten Raum. Ihre persönlichen Geheimnisse könnten von den Eltern benutzt werden, etwa, um Vorwürfe an das Kind zu richten oder es zu beschämen. Stellen Sie sich vor, Ihre Kinder durchsuchen Ihre Handtasche oder Ihr Nachttischkästchen – wie würden Sie sich fühlen?

Was alle diese Formen von Gewalt, ob verbal oder nonverbal, eint, ist, dass sie auf das Selbstbild des Kindes zielen, das aufgrund des kindlichen Entwicklungsprozesses noch nicht ausgereift ist. Das Selbstbild eines Menschen entsteht zum einen aus der Selbstwahrnehmung, aber im Kindesalter vor allem auch aus den Rückmeldungen des direkten Umfeldes, allen voran der wichtigsten Bezugspersonen: Eltern, Geschwister, Erzieher, Lehrer. Sie vermitteln Kindern eine Antwort auf die Frage »Wer bin ich?« und darauf, welchen Wert dieses »Ich« hat. Der Grund dafür liegt in der menschlichen Evolution. Verglichen mit anderen Säugetieren kommen wir Menschen aufgrund unserer Kopfgröße relativ unreif zur Welt, verfügen aber über ein sehr sensibles Resonanzsystem, das durch soziale Kontakte heranreift. Im Zentrum dieses Resonanzsystems stehen die Spiegelneuronen, mittels derer wir schon in einem sehr frühen Alter die Emotionen anderer Menschen nachempfinden können. In einem dyadischen Austausch spiegelt der Säugling die häufig unbewussten Reaktionen der Mutter, bis er nach und nach deren Auslöser erkennt. So lernt ein Baby allmählich, dass es ein »Ich« und ein »Du« gibt und dass diese beiden in einer Beziehung zueinander stehen.[20] Und dieser Beziehungsaufbau ist störanfällig.

Eines der bekanntesten Beispiele für eine nur vermeintlich fürsorgliche Erziehung, von der wir heute wissen, dass sie Kinder in ihrer Entwicklung schädigt, ist die Vorstellung, dass man Babys nach einem vorgegebenen Plan beim Einschlafen weinen lassen soll, damit sie lernen, sich selbst zu beruhigen, und irgendwann durchschlafen: die sogenannte Ferber-Methode.[21] Mittlerweile ist wissenschaftlich belegt, dass Babys, die man schreien lässt, sich eben nicht selbst beruhigen, sondern eher mehr als weniger schreien und dass diese Methode vor allem die Gefahr birgt, nachhaltige Bindungsstörungen hervorzurufen, da die schreienden Babys die Erfahrung machen, dass sich niemand zuverlässig um ihre Bedürfnisse kümmert. Wenn sie dann doch aufhören zu weinen, haben sie einfach nur gelernt: »Ich kann schreien, wie ich will, es kommt niemand …« Irgendwann geben sie auf und sind still. Ahnungslose Eltern freuen sich dann, weil das Kind endlich ruhig ist, sich also wohlfühlt. Ein eindeutiger Trugschluss! Wahr ist: Wenn Babys schreien, gibt es dafür immer einen

Grund, und sie weinen tatsächlich kürzer, je schneller und adäquater Eltern oder andere Menschen auf ihr Rufen reagieren.

Kein Wunder, dass es dramatische Folgen haben kann, wenn ein Kind in dieser Phase im Rahmen der Ferber-Methode einfach sich selbst überlassen wird. Kinder erkennen in diesem Alter auch rasch, wie ihr Umfeld auf sie reagiert – liebevoll oder abweisend, gleichgültig oder wütend. Aus diesen Reaktionen entstehen die ersten Überzeugungen über das eigene Selbst. Aus dem, was wir am »Du« erfahren, werden Teile unseres Selbst.[22]

Im Kleinkindalter reifen nach und nach Bereiche im Gehirn, die dafür sorgen, dass Kinder in verschiedenen Entwicklungsstadien ihr Selbst ausprobieren und verstärken. Sie entdecken neue Dinge, üben sich in Autonomie und begeben sich in soziale Interaktionen mit Gleichaltrigen. Die Bindung an die wichtigsten Bezugspersonen spielt dabei eine entscheidende Rolle und kann so negative Erfahrungen ausgleichen. Wenn jedoch zu viele Erfahrungen mit der Außenwelt und den Bezugspersonen zu negativen Rückmeldungen über das eigene Ich führen, dann internalisieren Kinder diese und akzeptieren sie möglicherweise als wahr und praktisch normal. Kränkungen, Herabsetzungen, emotionale und alle anderen genannten Formen verbaler Gewalt vermitteln dem Kind ein Selbstbild, dass etwas mit ihm nicht richtig sei. »Mit dir stimmt etwas nicht, sonst müsste ich dich nicht mit Worten und Handlungen verletzen«, das ist die Botschaft. Kinder lernen also, dass sie nur richtig sind, wenn sie das machen, was andere von ihnen wollen. Sie erfahren auch, dass ihre Gefühle falsch sind, denn Wut, Trauer und Zorn werden bestraft, also darf man sie nicht haben. Sie sind aber da, und sie verschwinden nicht, nur weil man sie bei »braven« Kindern nicht sieht. Im Gegenteil, sie verstecken sich, wachsen heimlich weiter, kommen möglicherweise zwanzig Jahre später leise oder auch laut zum Vorschein und haben Namen wie Depression und Angststörung.

Und genau hier liegt das große Risiko emotionaler Gewalt, selbst wenn sie mit den besten Absichten, also als erzieherische Maßnahme, daherkommt.[23] Sie kann ein defizitäres Selbstbild erzeugen, das wir alle im schlimmsten Falle ein Leben lang mit uns herumschleppen. »Ich bin nicht liebenswert« und »Ich bin einfach nicht gut genug« sind dann Überzeugungen, die sich tief im Unterbewusstsein verankert haben und von dort aus eine negative Wirkung auf die Art und Weise entfalten, wie Menschen die Welt und ihre Rolle darin wahrnehmen. Lebenslange Selbstzweifel und Ängste können die Folge sein, gefolgt von Leistungsschwierigkeiten, Misstrauen und Problemen in der Interaktion mit anderen. Wie viele Erwachsene machen sich erst in der Mitte ihres Lebens auf die Suche nach sich selbst? Sehr viele, und oft haben sie eines gemeinsam: Ihr Zuhause war kein geschützter Ort und geprägt durch zahlreiche verletzende Erfahrungen. Viele lernen erst im Erwachsenenleben, sich selbst zu schützen, nachdem sie in einem mühsamen Prozess des sich selbst Hinterfragens die Erfahrungen ihrer Kindheit und ihre eigene Erziehung reflektiert und dadurch erkannt haben, welche Glaubenssätze ihnen das Leben schwer machen und wie wenig wahr Sätze wie »Ich brauche es gar nicht erst zu versuchen« oder »Ich bin nicht gut genug« sind.

Schimpfen und das kindliche Gehirn

Sich mit den neurowissenschaftlichen Grundlagen unseres Selbstbildes und unseres inneren Erlebens sowie der Macht von Worten vertraut zu machen, hilft zu verstehen, welchen Einfluss das Gesagte auf Kinder haben kann. Worte können ein Kind erschüttern, tief verletzen, können seine Entwicklung verändern, nachhaltig beeinflussen oder sogar zum Stillstand bringen.[24]

Seit rund zwanzig Jahren ist die Neurowissenschaft mithilfe sogenannter fMRT-Scans dabei, nach dem Sitz der Sprache in unseren Gehirnen zu suchen.[25] Abschließend bestimmen konnte man ihn noch nicht, doch es zeigt sich, dass zwischen einem tatsächlichen Erlebnis und einem solchen, von dem wir nur hören oder über das wir reden, in den Reaktionen unseres Gehirns kein Unterschied besteht.[26] Die für Angst, Aufregung, Stress oder Vorfreude zuständigen Areale leuchten im Scanner auf, gefolgt von den entsprechenden körperlichen Reaktionen. Verbale Gewalt erzeugt also Stress im kindlichen Gehirn und Körper.[27] Kinder erleben verbale Attacken genauso bedrohlich wie körperliche Gewalt. Das dürfen wir niemals vergessen. Wenn ein Kind angeschrien, beschämt oder erpresst wird, ist das Gewalt. Für Kinder findet dann immer ein »Angriff« statt, sie erleben eine gefährliche und bedrohliche Situation, aus der sie nicht entfliehen können: Das kann traumatisieren.

Martin Teicher von der Harvard Medical School und sein Team haben in mehreren Studien[28] nachgewiesen, dass der Hippocampus bei Heranwachsenden und Erwachsenen, die als Kinder immer wieder Stress durch emotionale Gewalt ausgesetzt waren, kleiner ist im Vergleich zu den Menschen, die keine Gewalterfahrungen gemacht haben. Die Ursache für den zu kleinen Hippocampus liegt vermutlich in der hormonellen Stressverarbeitung, die vor allem bei Kindern unter fünf Jahren störungsanfällig ist. Dieser Teil des Gehirns spielt eine besonders große Rolle für die Bewertung und Steuerung von Emotionen und die Fähigkeit, mit Emotionen umzugehen. Er ist maßgeblich für die Entstehung psychischer Erkrankungen verantwortlich und, Sie ahnen es – eine Basiskompetenz für die Stressbewältigung.[29] Der Umgang mit Kindern und ihren starken Emotionen, wie beispielsweise Wut, löst sehr häufig Stress bei Erwachsenen aus. Wenn Erwachsene als Kinder selbst Gewaltopfer waren, fällt es ihnen höchstwahrscheinlich schwer, entspannt zu bleiben, wenn ein Kind wütend ist – klingt logisch, nicht wahr?

In den genannten Forschungen wurden alle denkbaren Arten von Missbrauch untersucht, dies geschah durch Befragungen und anschließende Hirnscans der Probanden. Es kamen bei den Versuchspersonen alle Gewaltvarianten vor, dazu zählen physischer, sexualisierter, emotionaler Missbrauch wie auch emotionale Vernachlässigung. Die Ergebnisse belegen, dass wiederholt erlebte verbale Gewalt, wie Beleidigungen, Demütigungen und Drohungen sich als die hauptsächlichen Risikofaktoren für Angsterkrankungen,

Posttraumatische Belastungsstörungen, Borderline-Störungen und Depressionen erwiesen haben.

Stellen Sie sich vor: Da steht der übergroße Erwachsene, nimmt eine bedrohliche Körperhaltung ein, schreit und benutzt Worte, die verletzen. Was passiert im Kinderkörper? Der Puls steigt, die Oberflächenspannung der Haut nimmt ab, die Wahrnehmung verengt sich. Der Körper schaltet auf Gefahr um und schüttet Stresshormone aus, bereitet sich auf Flucht, Kampf oder Erstarren vor.

Vor einigen Jahren belegte die Molekularbiologin Elizabeth Blackburn, dass Stress der Hauptauslöser für die Aktivierung nachteiliger Gene in der Epigenetik ist – und dieser Stress beginnt leider schon in der frühesten Kindheit.[30] Hinzu kommt die Wirkung der Worte. Worte bringen etwas in uns zum Klingen, ähnlich wie Musik. Sie erzeugen Bilder, Assoziationen, Gefühle, unbewusst und ohne unser Zutun. Wir können nicht verhindern, dass das, was ein anderer sagt, in uns etwas zum Schwingen bringt. Das beginnt bereits, bevor wir sprechen lernen. Wenn also jemand mit einem jungen Kind schimpft, was nahezu jeder irgendwann tut, oder eine der anderen genannten Formen verbaler Gewalt anwendet, wird eine ganze Kette in Form von Gefühlen und körperlichen Reaktionen in Gang gesetzt. Auch wenn ich mich wiederhole: Kinder sind dem schutzlos ausgeliefert, und wir Erwachsenen tragen zu hundert Prozent die Verantwortung für unseren Umgang mit Kindern! Erwachsene sind aber auch nur Menschen, und da Kinder weder perfekte Eltern noch perfekte Fachkräfte brauchen, kann man gelegentliche Ausraster ganz sicher wiedergutmachen, indem man sich beim Kind entschuldigt. Ganz egal, wie alt das Kind ist; wenn es spürt, dass durch das harsche Verhalten des Erwachsenen die Beziehung gerade abgebrochen wurde, spürt es auch, dass sie durch eine liebevolle und ernst gemeinte Entschuldigung wieder verbunden wird.[31]

Wenn Kinder sich kümmern müssen

Eltern, die ein Kind in die Elternrolle drängen, weil sie für sich selbst keine Verantwortung übernehmen können, üben eine besonders perfide und schädliche Form von emotionaler Gewalt aus, die durch eine Entschuldigung nicht wiedergutgemacht werden kann. Denn diese Kinder lernen, ihre eigenen Bedürfnisse zu verdrängen, um auf die Bedürfnisse ihrer Eltern einzugehen, und das schadet einem Kind wesentlich mehr und langfristiger als das Alltagsschimpfen gelegentlich ungeduldiger Eltern. Parentifizierung[32] bedeutet, dass die sozialen Rollen umgekehrt werden. Das Kind erlebt nicht, dass es umsorgt und geliebt wird, sondern muss stattdessen selbst die Rolle eines Erwachsenen übernehmen. Häufig findet Parentifizierung während und nach Trennungen statt, wenn Eltern sehr wenig Selbstvertrauen haben oder erkrankt sind.

Ich möchte einen Fall aus meiner Beratungspraxis mit Ihnen teilen. Eine Mutter rief mich an, weil sie sich Sorgen um ihre neunjährige Tochter machte, deren Schulnoten immer schlechter wurden. Im Erstgespräch stellte sich nach und nach heraus, dass Frau Walter sich von ihrem Mann trennen wollte, weil er sie betrogen hatte. Das Ehedrama lief schon seit Jahren und hatte sich in den vergangenen Monaten zugespitzt. Als ich mich in einem weiteren Gespräch mit Tochter Franzi unterhielt, wurde schnell klar, dass sie sehr unter den lautstarken Streits ihrer Eltern litt und sich wünschte, dass ihr Vater, sie nannte ihn »abartiges Dreckschwein«, endlich auszog, weil er alleine die Schuld am Unglück ihrer Mutter trage. Wenn er nicht mehr da wäre, würde alles wieder gut, sie bräuchten ihn nicht zu Hause, denn sie und ihre Mutter hätten es viel besser ohne ihn. Und auch Gregor, der jüngere Bruder, solle nicht mit einem solchen Vater aufwachsen. Sie erzählte mir, dass sie ihren Vater früher liebhatte, aber jetzt nicht mehr. Inzwischen ist der Vater ausgezogen und hätte gerne Kontakt mit seiner Tochter, die ihn aber nicht sehen will und ihm nach wie vor die gesamte Schuld an dieser Trennung zuschreibt. Im Alter von neun Jahren kann sie die Komplexität von Beziehungen noch nicht verstehen, und ihre Eltern wiederum verstehen nicht, dass Franzi und Gregor sie als Eltern brauchen, auch wenn sie kein Paar mehr sind.

In diesem Fall hat sich Frau Walter nicht oder nur ungenügend mit ihrer Rolle als Mutter identifiziert und missbraucht ihre Tochter, um sich selbst zu definieren, zu solidarisieren und aufzuwerten – eine bittere Pille für Franzi, denn auch hier gilt: Das Kind kann sich (noch) nicht wehren und kooperiert.

Töchter, meist ab der Vorpubertät, die zwischen dem sechsten und zehnten Lebensjahr beginnt, solidarisieren sich im Zuge von Trennungen oft mit ihren Müttern und brechen den Kontakt zum Vater ab.[33] Nicht selten entwickeln sie dadurch ein sehr negatives Männerbild, das ihnen später in ihren eigenen Beziehungen auf die Füße fallen kann. So kann neuerliches Leid entstehen, weil manche Mütter nicht gelernt haben, Konflikte offen zu (er)klären, sondern subtil aggressiv agieren, indem sie beispielsweise Schweigen als Waffe gegen ihren Ex-Mann einsetzen.

Parentifizierende Eltern lehren Kinder, ihre eigenen Bedürfnisse zu unterdrücken, um geliebt zu werden und eine starke Fassade nach außen aufzubauen. Dieser Lernprozess kann sich so tief einprägen, dass Kinder ihre eigenen Bedürfnisse nicht erkennen und diese auch in späteren Beziehungen nicht reklamieren können. Und zwar nicht nur in Liebesbeziehungen, sondern auch in der Schule und am Arbeitsplatz. Parentifizierung birgt bei 25 Prozent der Kinder das Risiko für psychische Auffälligkeiten wie Selbstverletzungen, Depressionen, sozialer Rückzug und Delinquenz.[34] Diese Kinder sind für ihre Eltern Partner- oder Elternersatz geworden und haben die Rolle der Kümmernden und der Vermittler übernommen. Das ist eine zu schwere Bürde auf den Schultern der Kinder, und die Folgen sind dramatisch.[35]

Emotionale Vernachlässigung als Form von Gewalt

Kinder von Eltern, die emotional nicht verfügbar sind, sind vernachlässigte Kinder. Für ihre materiellen Belange mag mehr als ausreichend gesorgt sein, für ihre emotionalen Bedürfnisse hingegen nicht. Es gibt niemanden, der ihnen zuhört, sich Zeit für sie nimmt, sich in sie und ihre Welt einfühlt. Wenn Eltern oder Bezugspersonen unablässig mit sich selbst beschäftigt sind und auf ihre Kinder keine Rücksicht nehmen, entwickeln schon Kinder im Vorschulalter häufig sogenannte »Heilfantasien«, in denen sie sich in eine bessere Zukunft träumen oder von sich denken, dass sie mehr geliebt würden, wenn sie ein »braves Kind« wären. Oft übernehmen sie innerhalb der Familie bestimmte Rollen, wie den Haushalt zu führen, um überhaupt Aufmerksamkeit oder Beachtung zu erfahren.[36] Diese Art von Fantasien oder Rollen werden zu Überlebensstrategien, die den Kindern zwar helfen, mit der emotionalen Vernachlässigung fertigzuwerden, die aber zu einer schweren Hypothek für ihre eigene Entwicklung, ihr Selbstvertrauen, ihr Vertrauen in die Welt und in die Bindung zu anderen werden.

Emotional nicht verfügbar zu sein, kann im Alltag schnell geschehen, niemand ist immer aufmerksam und muss das auch nicht sein. Wir alle sind beschäftigt – mit uns selbst, mit unserer Arbeit, mit Sorgen um die Zukunft und mit den Problemen der Gegenwart und Vergangenheit. Umso wichtiger ist es, immer wieder bewusst den aktuellen Moment wahrzunehmen. Was brauchen wir selbst? Was braucht das Kind? Welches Bedürfnis äußert es und wie sollte man ihm jetzt gerade begegnen? Häufig sind dabei Bauchgefühl und Empathie sehr viel bessere Ratgeber als so mancher wohlmeinende Mensch, der davor warnt, Kindern zu viel Aufmerksamkeit oder Fürsorge zu schenken. Denn: Ein Zuviel an Liebe gibt es nicht, sehr wohl aber ein Zuwenig – und zwar mit möglicherweise verheerenden Folgen.

Positive Veränderung ist möglich!

Nachdem es bis jetzt um viele unangenehme Fakten ging, ist es mir ein Bedürfnis, dieses Kapitel positiv zu beschließen. Sie haben dieses Buch vielleicht gekauft, weil Sie mit Ihren Kindern so gut wie möglich umgehen und Ihr eigenes Verhalten reflektieren möchten. Vermutlich haben Sie längst gespürt, dass Schimpfen und Strafen nicht die richtigen Lösungen sind, und befinden sich auf der Suche nach Alternativen. Von diesen wird in diesem Buch noch ausführlich die Rede sein, denn es gibt sie! Und keine Sorge: Das bedeutet nicht, dass von nun an der Wunsch Ihres Kindes zum Befehl für Sie wird.

Ich weiß aus meiner täglichen Arbeit mit Eltern und pädagogischen Fachkräften, dass die Doppelbelastung von Beruf und Familie den meisten Menschen intensiv zu schaffen macht. Nach wie vor fehlt es an einer breiten gesellschaftlichen Unterstützung für Familien. Eltern stehen unter enormem Druck und möchten perfekt sein. Auch das erzeugt Stress – und wer unter Stress agiert, der greift einfach sehr viel häufiger zu emotionaler Gewalt. Unser aller Ziel muss also sein, diesen toxischen Stress für Eltern wie für Kinder zu minimieren.

Auch Kitas und Schulen sind leider bei weitem noch lange keine sicheren Orte für die Entwicklung unserer Kinder, sondern in vielen Fällen bloße »Verwahranstalten« oder Institutionen, in denen die genannten Formen verbaler und nonverbaler Gewalt als Pädagogik betrieben werden. Auch darauf werde ich noch im Detail eingehen.

Dass Sie dieses Buch lesen, ist in meinen Augen ein sicheres Zeichen dafür, dass Sie etwas ändern möchten, und diese Veränderung ist möglich, wenn sie auch Zeit brauchen wird. Das trifft mit sehr großer Wahrscheinlichkeit auch auf Sie und Ihre Kinder zu und gibt Anlass zur Hoffnung, dass wir gemeinsam auf eine neue Zukunft hinarbeiten können, in der kein Kind mehr Gewalt erleiden muss, sondern wir Kindern helfen, zu zufriedenen und mental starken Menschen zu werden.

KAPITEL 2

Der Mensch ist doch gut – Ursprünge gewaltvollen Handelns

Die Ursachen emotionaler Gewalt sind komplex und liegen häufig in der eigenen Kindheit.

Wir haben es mit mehr als erschreckenden Zahlen zu tun. Studien aus dreißig Ländern zeigen, dass eins von drei Kindern weltweit von emotionaler Gewalt betroffen ist und ein Viertel aller Kinder auf der Welt miterleben muss, wie seine Mutter physische und psychische Gewalt durch ihren Partner erfährt.[37]

Psychische Gewalt hat viele Ursachen. Sie zu verstehen, ist sehr viel schwieriger und komplexer, als die Auslöser von körperlicher oder sexualisierter Gewalt zu untersuchen. Bei letzterer sind wir uns als Gesellschaft einig: Das geht nicht! Dabei ist es die Grenze zu psychischer und emotionaler Gewalt, die im Alltag sehr viel häufiger überschritten wird, als wir es wahrnehmen.

Wenn die Gesellschaft Erziehung fordert

Wer Kinder gemäß geltender Normvorstellungen erziehen und erreichen möchte, dass sie in unserer Gesellschaft möglichst reibungslos »funktionieren«, der steht vor dem Problem, dieses Interesse gegen viele andere, auch kindliche Interessen und Bedürfnisse durchsetzen zu müssen. Das fängt mit dem Schlafengehen an, geht über den Kita- und Schulbesuch und die dort erbrachten Leistungen und endet mit der Frage, wann ein Jugendlicher am Wochenende zu Hause zu sein hat oder wo er denn hingehen darf. Das ist zum Teil notwendig, um Kinder vor Folgen ihrer Handlungen, die sie selbst noch nicht ausreichend einschätzen können, zu schützen. Aber auch, um den Alltag als Familie zu organisieren oder um einem Kind beizubringen, seine Bedürfnisse in einer sozial akzeptablen Weise zu äußern, und gegebenenfalls, je nach Entwicklungsstand, auch einmal zu verschieben oder auf sie zu verzichten, weil auch andere Bedürfnisse haben und es wichtig ist, dies zu respektieren.

Doch nicht alle Erziehungsmaßnahmen geschehen aus diesen Gründen. Eltern erziehen ihre Kinder auch, weil die Gesellschaft es von ihnen verlangt. Diese Art von sozialer Normierung beginnt bereits sehr früh – wenn ein Baby ständig schreit, sind sogar Personen aus dem nahen Umfeld rasch geneigt, der Mutter die Schuld daran zu geben. Sie soll dafür sorgen, dass das Kind aufhört. Wie sie das macht, bleibt ihr überlassen. Das gilt auch für rebellierende Kleinkinder und generell für alles im kindlichen Verhalten, was das Ruhe- und Sicherheitsbedürfnis der Erwachsenen im Umfeld und in der Familie stören könnte. Kinder und ihre Bedürfnisse werden häufig als Störfaktoren wahrgenommen, und die Aufgabe der Eltern scheint es zu sein, Kinder sozialverträglich zu regulieren und aus ihnen Erwachsene zu machen, und das oft auf Kosten der Persönlichkeit des Kindes.

Bedeutet Erziehung aber nicht auch, das Selbst eines Kindes unverletzt zu bewahren? Warum dürfen Kinder nicht sein, wie sie sind? Mit welchem Recht erklären wir Kindern, dass es nicht in Ordnung ist, wenn sie vor Wut oder Ohnmacht weinen und schreien – statt ihre Gefühle ernst zu nehmen und ihnen beim Umgang damit zu helfen? Könnte es sein, dass es uns stört, wenn es um uns laut wird, weil ein junger Mensch das macht, was wir uns nicht (mehr) trauen? Wenn das so ist – wer hat dann das Problem, das Kind, das seinen Gefühlen Ausdruck verleiht, oder wir, die wir gelernt haben, Gefühle zu unterdrücken, vor allem unsere im Alltag immer wieder hochkommende Wut? Wie oft würden Sie gerne laut schreien und tun es nicht? Dabei wäre es so gesund!

Selbstverständlich möchten alle Eltern gute Eltern sein, und die erkennt man vermeintlich an »guten Kindern«. Kinder, die keinen Lärm machen, gute Noten schreiben und brav sind, kurz: Kinder, die keinen Ärger machen! Das fängt schon früh an, zum Beispiel beim Schlafverhalten und im Sandkasten. Wenn ein Dreijähriger seine Spielsachen nicht teilen möchte, erntet seine Mutter zutiefst kritisch-missbilligende Blicke. Aber wer von uns teilt denn schon gerne? Teilen Sie morgens in der S-Bahn bereitwillig Ihr Frühstück? Oder Ihre Zeitung? Na also! Junge Kinder haben von sich aus kein Interesse daran, »gut« zu sein und zu teilen, weil sie dieses abstrakte Konzept noch nicht verstehen können.[38] Sie möchten einfach sich und die Welt entdecken und dabei geliebt und versorgt werden. Ihr Interesse, »gut« zu sein, beginnt erst da, wo sie feststellen, dass ihr Bedürfnis, geliebt zu werden, offensichtlich mit einem Verhalten verbunden ist, das ihre Eltern und ihre Erzieherinnen bestimmen, und sie teilen müssen.

Kinder probieren sich und immer wieder Neues aus, weil sie verstehen wollen, weil sie lernen – niemals, weil sie provozieren wollen –, alleine dieses Wissen würde schon viel Leid verhindern.

Mir ist es wichtig, zu betonen, dass Kinder mit vielen positiven Anlagen zur Welt kommen, die ihnen soziale Kooperation[39] ermöglichen, auf die sie letztendlich angewiesen sind. Schon im Alter von wenigen Monaten können sie gegenüber anderen Lebewesen Mitgefühl zeigen. Dieses Verhalten ist uns angeboren und kein Ergebnis von Erziehung. Das »gut« hingegen, das ich oben kritisch angesprochen habe, ist die Anpassung, die aus der Erziehung resultiert – also Kinder, die sich benehmen und brav sind. Anders ausgedrückt, Kinder, die gelernt haben, sich dem Willen Erwachsener komplett unterzuordnen, und dafür ihre eigenen Bedürfnisse unterdrücken. Diese Art der Unterordnung kann nur erreicht werden, wenn Ältere zu Formen emotionaler und psychischer Gewalt greifen, um Jüngere für das Ausleben nicht erwünschter Gefühle – etwa dem berühmten kindlichen Trotzanfall im Supermarkt vor ganz großem Publikum – entsprechend zu bestrafen. Da die Körperstrafe inzwischen verboten ist, greifen Eltern in solchen Fällen zu unsichtbaren Formen der Gewalt: Sie drohen, schimpfen, beleidigen oder erpressen mit Wenn-Dann-Sätzen.

Die Art der ausgeübten Gewalt mag sich in den letzten Jahrzehnten geändert haben, die Ursache und ihre Folgen bleiben die gleichen!

»Schwarze Pädagogik« und das falsche Selbst

Die Geschichte der Kindheit ist eine lange und komplizierte.[40] Ich kann im Folgenden nicht alle Aspekte berücksichtigen, will aber zeigen, warum emotionale Gewalt noch immer Alltag für viel zu viele Kinder ist. Dazu muss man wissen, dass der Begriff Kindheit lange Zeit überhaupt nicht existierte. Diese Lebensphase wurde Mitte des 18. Jahrhunderts von Jean-Jacques Rousseau zu etwas Schützenswertem erklärt. Aber auch dann waren Kinder oft noch dazu auserkoren, Arbeitskräfte zu sein und den Fortbestand von Besitz und Familie zu sichern sowie die Altersvorsorge der Eltern.[41] Wie Kindheiten aussahen, hing auch stark von der sozialen Herkunft ab. Mit der Aufklärung und dem Aufkommen der bürgerlichen Gesellschaft im 18. und 19. Jahrhundert entstand aber nunmehr eine breitere Mittelschicht, die weniger Kinder bekam, und, getragen durch erste wissenschaftliche Erkenntnisse im Zusammenhang mit Kindern, sich daranmachte, deren Entwicklung durch Bildung und strenge Erziehung gezielt zu fördern.[42] Gleichzeitig geriet dies durch die Reformpädagogik bereits teilweise in die Kritik.

Es waren die disziplin- und abhärtungsorientierten Ansätze, die im Nationalsozialismus einen Höhepunkt erlebten. Noch bis in die 1980er-Jahre hinein lasen viele junge Mütter eine der überarbeiteten Ausgaben des erstmals 1934 erschienenen Buches *Die deutsche Mutter und ihr erstes Kind* der Lungenfachärztin Johanna Haarer, in dem sie das Kind – wörtlich – als »Feind« bezeichnet, gegen das die Mutter mit Methoden wie Schreienlassen oder Kaltstellen den Kampf aufnehmen muss.[43] Dieses schwere Erbe endete nicht etwa mit dem Untergang des Nazireichs, sondern reicht zuweilen bis in die Gegenwart, denn noch immer haben viele Menschen Angst, Kinder durch Zuwendung zu »verwöhnen«.[44] Früher wie heute geschah und geschieht alles immer nur zum sogenannten Besten des Kindes. Interessant, dass nach wie vor bei vielen Kindern dieses Beste nicht so richtig gut ankommt. Die Autorin Katharina Rutschky analysierte diese Form der Erziehung als »schwarze Pädagogik«, die Gehorsam von Kindern verlangt, und in der Erniedrigungen und andere Varianten drastischer Strafen eingesetzt werden, als eine Erfindung der Neuzeit, bei der es vor allem um Triebabwehr ging – die Bedürfnisse des Kindes sollten unterdrückt werden, die Liebe zwischen Mutter und Kind wurde als »Affenliebe« abgewertet.[45]

Ich erinnere mich an einen Ausspruch meiner Großmutter, die ich sehr geliebt habe: Sie erwähnte einmal, dass sie es mehr als befremdlich fand, dass Mütter heutzutage ihre Kinder die ganze Zeit »ablecken« und durch die Gegend tragen. Mit ablecken meinte sie küssen! Für meine Oma war es ein bloßer Nebensatz, für mich als Erziehungswissenschaftlerin der Beweis ihrer Sozialisation. Ihre Zuneigung mir gegenüber drückte meine Großmutter durch unglaublich leckere Mahlzeiten, durch gemeinsames Singen, die Gestaltung der zauberhaftesten Oster- und Weihnachtsfeste und durch liebevolle Strenge, wie sie das nannte, aus. Körperlich war sie selten – obwohl sie es sehr mochte, wenn man sie in den Arm nahm und ihr ein Küsschen gab.

Müttern wurde zeitweise gewissermaßen verboten, liebevoll ihren Kindern gegenüber zu sein. Diese Überzeugungen sind bei weitem noch nicht überwunden, denn auch heute werden Mütter, die ihren Kindern gegenüber nicht machtvoll durchgreifen, zumindest schief angesehen. Zugegeben, früher hatte man wenig Chancen, anders als die anderen zu sein und zu handeln, doch heutzutage ist die Welt diverser und damit auch offener für neue Denk- und Handlungsweisen.

Auch heute noch wird »schwarze Pädagogik« angewandt, die mit Erniedrigung, Entmutigung – »so wirst du es ganz sicher nie zu etwas bringen« –, Einschüchterung und Zwangsmaßnahmen arbeitet. Ich habe unzählige Male erlebt, dass ein Kind in der Kita zur Strafe ein besonders schweres Puzzle machen musste, und in Beratungen zeigen Eltern mir Strafaufgaben, in denen ihre Kinder fünfzigmal Sätze wie »Ich ärgere meine Mitschüler nicht und befolge die Anweisungen meines Lehrers« oder die gesamte Schulordnung abschreiben mussten. Obwohl von solchen Maßnahmen kein Nutzen zu erwarten ist, werden bis heute Kontrolle, Überwachung, seelische Grausamkeit und Abhärtung praktiziert. Ursprünglich sollte Kindern mit »schwarzer Pädagogik« das Böse ausgetrieben werden, man glaubte nicht an das Gute im Menschen. Ich erlebe heute in meinem beruflichen Alltag noch immer Menschen, die glauben, man könne und müsse Kinder formen, ganz so, als würde man aus einem Diamanten durch einen guten Schliff einen Brillanten machen. Menschen, mit denen ich spreche, formulieren es genau so: »Mich hat das Leben geschliffen, mich hat das Leben geformt, mich hat das Leben gezeichnet!« Ich frage mich, wie man auf die Idee kommt, Menschen mit Steinen zu vergleichen, und glaubt, keinen Einfluss auf das eigene Leben zu haben. Es könnte sein, dass man bei einer solchen Sichtweise auf sich selbst und das Leben schon früh gelernt hat, passiv zu sein und das zu (er)tragen, was einem »das Leben« auf die Schultern lädt.

Die Psychoanalytikerin Alice Miller entwickelte aus diesen Sichtweisen der Erwachsenen auf Kinder ihr Konzept des »falschen Selbst«, das nur durch Erziehung im Kind entsteht. Dieses falsche Selbst ist nicht authentisch, sondern orientiert sich allein an den Bedürfnissen der Eltern.[46]

In den 1970er-Jahren kam die Reformpädagogik erneut auf, die mit dem antiautoritären Ansatz versuchte, den Folgen »schwarzer Pädagogik« entgegenzuwirken. Berühmt wurde in diesem Zusammenhang die reformpädagogische Schule in Summerhill, England, an der die Schüler gleichberechtigt den Alltag an ihrer Schule mitbestimmen. Einige der Konzepte der Reformpädagogik fanden Eingang in die Mitte der Gesellschaft – etwa, dass Gewalt gegen Kinder kein geeignetes Erziehungsmittel ist, sondern kranke Erwachsene zur Folge haben kann, die sich in der Gesellschaft nur schwer zurechtfinden und leiden.

Drogenprobleme, psychische Erkrankungen, körperliche Probleme, die Reihe ließe sich beliebig fortsetzen, konnten auch wissenschaftlich[47] direkt auf die Folgen einer zu strengen Erziehung zurückgeführt werden, was an einigen Stellen zu einem Umdenken führte. Statt nur auf Autorität setzten auch bürgerliche Eltern zusätzlich auf liebevolle Zuwendung, Aufmerksamkeit und Förderung.

Doch die Autorität blieb – sie war und ist das Einfallstor für emotionale und psychische Gewalt. Meine Beobachtung ist, dass fast jede Familie ihre eigenen Formen von psychischer und emotionaler Gewalt kennt. Einige von ihnen werden von Generation zu Generation weitergegeben. »Wenn du nicht brav bist, dann kommst du ins Heim«, ist so ein Satz oder »Gleich kommt die Polizei und nimmt dich mit.«

Es sind Rituale, die Eltern bei sich als wirksam erlebt haben, weil sie selbst von ihnen eingeschüchtert wurden. Dieser Automatismus von Manipulation und Drohung kann Wirkung zeigen, weil sie Kindern Angst macht, sie psychisch und emotional verletzt und sie auf diese Weise dazu bringt, dem elterlichen Willen zu gehorchen. Brav ins Bett zu gehen, aufzuräumen, leise zu sein, all das, was Eltern sich so wünschen, damit der Alltag möglichst reibungslos läuft und die Familie nach außen hin als »gut« repräsentiert wird – bei Verwandten, Nachbarn, in Kita und Schule.

Die helfende Hand – aus meinem Beratungsalltag

26 erfahrene Kita-Pädagoginnen sitzen in meinem Seminarraum und schauen mich fragend an. Ich hatte gesagt, dass sie es sind, die bei Kindern Reaktionen auslösen. Dass Kinder auf ihr Verhalten reagieren und, dass, wenn sie sich andere Verhaltensweisen wünschen, sie bei sich etwas ändern dürfen.

Ein Kind tut nicht, was man ihm sagt – es zieht sich nicht an oder wieder aus. Ich weiß, Sie kennen solche Situationen und ärgern sich darüber. Was genau ärgert Sie daran: Ist es wirklich die Jacke, die noch auf dem Boden liegt, oder geht es darum, dass Ihre Aufforderung nicht oder nicht schnell genug erfüllt wird? Wo drückt der Schuh? Wenn Sie das wissen, können Sie überlegen, woher Sie dieses Gefühl – zum Beispiel, dass Sie nicht ernst genommen werden – kennen, und ich bin mir sicher: Sie erinnern sich an unschöne Erlebnisse aus Ihrer Kindheit.

Denken Sie nun einen Schritt weiter und überlegen Sie, was Sie sich damals gewünscht hätten. Was waren Ihre Bedürfnisse, wie hätten sie befriedigt werden können? Wenn Sie das wissen, erfüllen Sie sich selbst genau dieses Bedürfnis, denn jetzt sind Sie erwachsen und bestimmen über Ihr Leben. Und zwar nur Sie, denn es ist Ihr Leben. Geben Sie Ihrem verletzten inneren Kind das, was es damals nicht bekommen hat, und ich bin mir wieder sicher: Sie werden, wenn Sie sich gut behandeln, automatisch Kinder besser behandeln.

Ertappen Sie sich vielleicht so manches Mal dabei, ein Kind als Strafe bewusst zu ignorieren? Oder setzen Sie Methoden wie den Ausschluss von geliebten Aktivitäten ein, oder sperren Sie ein Kind ein? Was tun Sie mit Kindern, was auch Ihnen angetan wurde? Diese Fragen habe ich den Fachkräften mit nach Hause gegeben, und wenn Sie wollen, gehören Sie nun Ihnen.

Es gibt so viele Möglichkeiten, Kinderseelen zu verletzen und für immer negativ zu konditionieren. »Eigentlich wollte ich ja immer einen Jungen haben« zum Beispiel ist eine Aussage, die sich tief eingräbt.[48] Viele Mädchen fühlen sich dann unbewusst aufgefordert, sich wie ein Junge zu verhalten, und versuchen, besonders wild zu sein, keine Kleider zu tragen und burschikose Haarschnitte zu bevorzugen. Sie stellen sich vor, auf diese Weise mehr elterliche Liebe und Anerkennung zu bekommen. Was jedoch immer bleibt, ist die unterschwellige Überzeugung, so, wie man auf die Welt gekommen ist, nicht gewollt zu sein.

»Was sollen nur die Nachbarn denken?« ist ebenfalls eine Aussage, die den Druck, den Eltern oft an ihre Kinder weitergeben, perfekt widerspiegelt. Da hat jemand seine Kinder nicht im Griff! Das scheint für uns als Gesellschaft noch immer das Wichtigste zu sein, statt uns zu fragen, ob für diese Kinder gut gesorgt wird und ob sie glücklich sind. Von Kindern, die nicht erzogen sind, die die Eltern »nicht im Griff« haben, geht nach dieser Lesart für uns als Gesellschaft noch immer eine Gefahr aus. Dieser Druck ist eine der entscheidenden Ursachen für emotionale und psychische Gewalt – allerdings nicht ihre einzige.

Ursachen emotionaler und psychischer Gewalt

Um in der Tiefe zu verstehen, wie emotionale und psychische Gewalt zustande kommt und warum es so schwer ist, ihren toxischen Kreislauf zu durchbrechen, müssen wir noch tiefer zu ihren Ursprüngen vordringen. Bis zu ihrer Wurzel, und die liegt, wie so oft, in der Kindheit der Eltern und in unseren gesellschaftlichen Strukturen.

Aggression ist Teil unserer menschlichen Verhaltensweisen – sie dient unserer Selbstbehauptung.[49] In unserer Menschheitsgeschichte half Aggression uns dabei, zu überleben, indem wir lernten, uns bei Gefahren zu verteidigen. Aggression hingegen, die über die reine Gefahrenabwehr hinausgeht, wirkt destruktiv, gegen sich und andere.

Wenn mich jemand angreift, anschreit oder misshandelt, hilft mir die Aggression, den Mut zu finden, mich zu wehren. Das zeigt dem anderen, dass er mit seinem Verhalten nicht weiterkommt – ein wichtiger sozialer Regulator, der noch aus unserer vorsprachlichen Frühgeschichte stammt. Das bedeutet: Wenn Eltern ihre Kinder mit Worten verletzen, erzeugen sie nicht nur seelischen Schmerz, sondern auch Wut.[50] Kinder weinen auch vor Wut, sie schreien und lassen ihrer Wut freien Lauf, nur um dann erneut dafür bestraft zu werden. Das führt dazu, dass die Wut unterdrückt wird. Diese verdrängte Wut vergiftet die Seele und wirkt noch lange nach – mit oft schlimmen Folgen für das Individuum und für unsere Gesellschaft.

Laut unserem gesellschaftlichen Konsens lehnen wir aggressives Verhalten ab. Also werden aggressive Impulse unterdrückt. Wichtig ist, zu erkennen, dass Erziehung, so wie wir sie bisher verstehen, die also mit den genannten Macht- und Gewaltmitteln arbeitet, genau diese Art von Aggression[51] fördert und gleichzeitig von Kindern verlangt, dass sie lernen, die entstehenden Aggressionen zu unterdrücken. Ziemlich paradox, was meinen Sie?

Aus »gut« erzogenen Kindern werden oft Erwachsene mit unterdrücktem Aggressionspotenzial. Das muss sich keineswegs in Form von körperlicher Gewalt zeigen. Unterdrückte Aggression kann sich auf vielen Wegen Bahn brechen, etwa in der sozialen Interaktion durch Konflikte und Beschimpfungen, oder später in der Erziehung der eigenen Kinder. Oder in den sozialen Netzwerken, wo sich durch die legale Anonymität besonders deutlich zeigt, wie explosiv Menschen reagieren, wenn Wut und Mut sich paaren.[52]

Die meisten von uns haben gelernt, dass physische Gewalt drastisch bestraft werden kann, und wenden sie deshalb nicht an. Bei psychischer Gewalt ist die Hemmschwelle jedoch geringer, denn sie ist viel schwieriger zu beweisen und hinterlässt keine sichtbaren Spuren. Wir lassen unseren Aggressionen immer da freien Lauf, wo wir keine Konsequenzen zu befürchten haben. Mal ehrlich: Wen schreien Sie schneller an – Ihren Chef oder Ihr Kind? Wut richtet sich oft nicht konkret an ihren Verursacher, sondern gegen jemand, den man als schwächer identifiziert und so zum Opfer macht, einfach aus dem Wunsch heraus, kein Opfer mehr zu sein und selbst Macht auszukosten.

Macht spielt bei den Ursachen für emotionale und psychische Gewalt eine entscheidende Rolle. Wir dürfen nicht vergessen, dass Erwachsene Kindern gegenüber immer in einer Machtposition sind, aus der heraus sie ihre Entscheidungen durchsetzen können. Dieses Machterleben kann für Menschen, die in ihrer Kindheit oder in ihrem sonstigen Leben häufig Gefühle von Ohnmacht erlebt haben oder erleben, berauschend sein. Endlich haben sie die Kontrolle, zwar nicht über sich und ihr Verhalten, aber über Kinder! Woran man selbst gelitten hat, kann auf diese Weise ausagiert werden. Das führt zu einer Entlastung der eigenen verdrängten Verletzungen durch emotionale und psychische Gewalt.[53] Möglicherweise fühlt man sich nicht einmal schuldig, weil man nicht merkt, was man tut, und sich sagt: »Ich wurde als Kind immer geschlagen, DAS mache ich mit meinen Kindern ganz sicher nicht.« So wird man möglicherweise blind für andere Formen der Gewalt, die man eventuell ausübt, verdrängt unterschwellige Schuldgefühle und kann das eigene Handeln als gute Erziehung sogar noch positiv umdeuten. Dabei sollten wir jedoch nie vergessen: Alles, was ein Opfer hervorbringt, ist definitiv eine Form von Gewalt.

In der Literatur werden verschiedene Gewaltformen unterschieden. Physische und verbale Gewalt sind Ihnen jetzt schon ein Begriff, aber es gibt auch aktive/passive und direkte/indirekte Gewalt.[54] Eine Ausdrucksweise indirekter Gewalt ist unter anderem Mobbing. Passive Aggressivität lebt jemand, der bewusst Abhängigkeit und Schuldgefühle erzeugt. Wie oft fällt auch in Familien gegenüber Kindern der Satz: »Weißt du eigentlich, was ich für dich alles geopfert habe? Du könntest ruhig ein wenig dankbarer sein!« Und wieder trifft ein Wortpfeil die Kinderseele und hakt sich dort fest. Wieso sollte ein Kind dankbar für die »Opfer« seiner Eltern sein – hat es darum gebeten?

Der Sozialpsychologe Albert Bandura hat mit seinen Forschungen immer wieder bestätigt, dass wir anhand von Vorbildern lernen.[55] Kinder beobachten Verhaltensweisen und übernehmen sie unter Umständen im Rahmen ihres Sozialisierungsprozesses. Das gilt auch für Aggression. Das Kind lernt, dass Eltern Macht ausüben und dass diese Machtausübung mit einem guten Zweck gerechtfertigt, also erlaubt ist, anders als etwa dem Nachbarskind im Sandkasten die Schaufel auf den Kopf zu hauen. Es erlebt die emotionale und psychische Gewalt im Kontext der Erziehung als verletzend und demütigend, muss aber gleichzeitig akzeptieren, dass die Eltern das nur mit den besten Absichten und aus Liebe tun, weil sie ja gute Menschen sind.[56] Ein Kind versteht das zwar nicht, aber es adaptiert dieses Verhalten und saugt es sprichwörtlich mit der Muttermilch in sich ein. Das bedeutet, ein Kind kann diesen Widerspruch nur dann aushalten, wenn es Liebe mit dieser Art von Verhalten in Verbindung bringt und wenn es akzeptiert, dass es so, wie es ist, eben nicht bedingungslos liebenswert ist, sonst würden sich die Eltern ja nicht so verhalten.

Später könnte dieses Kind in einem Setting, in dem Machtausübung und Gewaltanwendung möglich sind, selbst zu diesen Mitteln greifen, also dann, wenn es selbst Kinder hat, aber auch in der Interaktion mit anderen Kindern, die jünger oder schwächer sind. Eigene Gewalterfahrungen psychischer und emotionaler Gewalt und Machterleben sind zwei wichtige Faktoren für die Entstehung von Gewalt in der Erziehung der eigenen Kinder.

Ein weiterer Grund, der zur Gewaltausübung führen kann, sind Stress und Frustration. Ein Viertel aller Mütter berichtet von einer sehr hohen Stressbelastung, nur rund 9 Prozent von einem geringen Stressniveau.[57] Eine Umfrage der KKH Kaufmännische Krankenkasse aus dem Jahr 2019 zeigte, dass rund 40 Prozent aller Eltern unter Dauerstress stehen – Finanzen, Vereinbarkeit von Beruf und Familie, Alltagssorgen. Erziehung und die Betreuung der Kinder stellen mit 41 Prozent den größten Stressfaktor dar.[58]

Eine andere Studie belegt, dass elterlicher Stress, kindliches Problemverhalten und problematische Erziehungsmethoden in einer unheilvollen Wechselwirkung zueinander stehen.[59] Eltern, die gestresst sind, erklären das Verhalten ihrer Kinder häufiger als problematisch, weil sie keine Ressourcen mehr haben, um auf die Bedürfnisse und Anliegen ihrer Kinder angemessen zu reagieren. Kommt es dann zu Problemen, zeigen Eltern häufiger Erziehungsmethoden, die psychische, emotionale und körperliche Gewalt beinhalten. Sie sind schlicht und ergreifend überfordert, was ihr Verhalten nicht rechtfertigt, wohl aber eine Erklärung dafür liefert.

Aggression und Stress stehen in direktem Zusammenhang. Unter Stress sinkt die Frustrationstoleranz, es kommt häufiger zu unüberlegten, gereizten Handlungen und auch zu emotionalen Ausbrüchen.[60] Wer den ganzen Tag im Job unter Strom steht und versuchen muss, Haushalt, Kinder und Job unter einen Hut zu bringen, den kann bereits das Quengeln eines Kindes an den Rand der Belastbarkeit bringen. Die Reizverarbeitung wird überfordert, das emotionale Fass läuft über, und so werden Kinder zum Ventil, einfach, weil sie da sind, weil sie schwächer sind – und weil es viel einfacher ist, ein Kind anzubrüllen, als sich mit sich selbst auseinanderzusetzen! Aggressionen in Form von Beschimpfungen, Schuldzuweisungen, Vorwürfen oder Anschreien machen dann dem Druck, der sich durch den alltäglichen Stress in Eltern aufgebaut hat, machtvoll Luft.

Ein Blick über den Tellerrand: Erziehung in indigenen Gesellschaften

Die Journalistin Michaeleen Doucleff wollte erkunden, welche wesentlichen Unterschiede es in den Erziehungsstilen westlicher Industrienationen und denen traditioneller indigener Gesellschaften gibt. Dazu reiste sie zu den Maya nach Mexiko, den Inuit nach Alaska und den Hadza nach Tansania.[61] Sie stellte fest, dass dort wesentliche Aspekte dessen fehlen, was wir gemeinhin als gute Erziehung betrachten.

Zunächst setzen die von Doucleff betrachteten indigenen Kulturen vor allem auf eine starke Bindung zu ihren Kindern. Diese werden lange umhergetragen und oft gestillt, bis sie drei oder vier Jahre alt sind. Statt auf Angst und Demütigung setzt man auf Vertrauen und Kooperation und darauf, individuell auf Bedürfnisse zu reagieren, anstelle nach vorgegebenen Standards zu handeln. Es zeigt sich: Aus diesen Kindern werden sehr früh selbstverantwortliche Individuen, die sowohl mit einem starken Selbstbild als auch mit einem Gemeinschaftssinn ausgestattet sind. Aggressionen sind ihnen meist fremd und werden nur in bestimmten Zusammenhängen, etwa im Krieg, auf der Jagd oder in bestimmten Ritualen ausgelebt.

Lenken wir unseren Blick aus der Ferne zurück auf unsere Kultur. Welchen Common Sense leben wir? Vermutlich kennt jede Mutter den gut gemeinten Rat, sie müsse sich jetzt aber auch wirklich einmal gegen das Kind durchsetzen, sonst werde sie, weil sie das Kind verzieht, noch ernsthafte Probleme bekommen.

Kinder sollen einfach nicht permanent ihre Bedürfnisse anmelden und die ohnehin schon arg überforderten Mütter damit tyrannisieren. Sie erinnern sich – als Gesellschaft leben wir ja noch immer mit dem Bild von dem Kind, das erzogen werden muss. Und da kommen wir zu einem wichtigen Dreh- und Angelpunkt: Unsere Art der Erziehung ist eine kulturelle Institution. Wir haben sie entwickelt, sie in der Breite der Gesellschaft noch immer nicht grundlegend reflektiert und uns nicht gefragt, ob sie überhaupt noch zeitgemäß ist. Ob sie es je war und ob sie das, was wir uns als Gesellschaft für unsere Kinder wünschen, nämlich, dass sie zu starken und gesunden Erwachsenen heranwachsen, überhaupt leistet.

Vielmehr bleiben viele Erwachsene noch den Grundsätzen einer autoritären Erziehung verhaftet, die kein starkes Individuum hervorbringen will, sondern ein unterdrücktes Selbst, das sich anpasst.

Eltern wollen ihren Kindern den Lebenserfolg sichern, sie wollen glückliche Kinder, die gut in der Schule und erfolgreich im späteren Leben sind. Wenn sich die Kinder dafür nicht verbiegen müssen, ist das auch vollkommen okay. Leider erlebe ich in meinen Entwicklungsberatungen viel zu oft Kinder, die extrem leiden, weil sie den Ansprüchen, die an sie gestellt werden, nicht gerecht werden können und dafür bestraft werden. Plötzlich will ein Kind nicht mehr in die Kita, alle fragen sich, warum. Wenn ich mit Eltern und Kind den Dingen auf den Grund gehe, stellt sich oft heraus, dass Kinder in der Kita bestraft werden und deshalb nicht mehr hinwollen. Die »Konsequenz« so mancher Erzieherin, einem weinenden Kind Schnuller und Kuscheltier zu verweigern, weil beides nur beim Schlafen benutzt werden darf und die dreijährige Zoe schließlich und endlich mal lernen muss, sich an gewisse Regeln zu halten, stärkt Kinder nicht – im Gegenteil, es setzt sie unter Druck bzw. verweigert ihnen altersangemessene Möglichkeiten der Selbstregulation.

Die Beschäftigung mit manchen indigenen Gesellschaften kann uns zum Nachdenken anregen. Sie legen besonders viel Wert auf die Stärkung des Selbst, weil ihre Gemeinschaften am meisten von den Stärken der Einzelnen profitieren. Wir könnten auch dafür sorgen, dass Kinder mehr gestärkt werden, wenn wir den Druck auf Familien verringern. Aber wir lassen es leider zu, dass Kinder zu Ventilen für den Erziehungsstress werden, den wir Familien permanent zumuten und den sich Familien vor allem auch selbst zumuten. In meinen Fortbildungen mit Erzieherinnen lege ich größten Wert darauf, immer wieder zu reflektieren, was Kinder wirklich brauchen, was Eltern sich für ihre Kinder wünschen und vor allem, warum so viele Eltern so wenig gelassen sind und deshalb noch immer so streng und hart erziehen – das ist der negative Sinn von Erziehung, von dem ich im ersten Kapitel gesprochen habe. Erziehung im positiven Sinn IST Beziehung – nicht mehr, aber auch nicht weniger, und Gewaltfreiheit ist möglich, wenn Erwachsene mit sich selbst in Beziehung gehen –, das kann sehr schmerzhaft sein, aber es lohnt sich und bringt uns alle weiter.

Resilient trotz emotionaler und psychischer Gewalt?

Können Sie sich noch an die schrecklichen Bilder Anfang der 1990er-Jahre aus Rumänien erinnern? Journalisten fanden damals tausende verwahrloste und vernachlässigte Kinder, die unter dem Diktator

Nicolae Ceaușescu in Kinderheime gesperrt und dort unter schrecklichen Bedingungen sich selbst überlassen wurden. In der Folge zeigte sich, dass diese Kinder nicht nur geistig zurückgeblieben waren, sondern auch nur zu einem sehr eingeschränkten emotionalen Erleben in der Lage waren.[62] Die furchtbaren Erfahrungen ihrer Kindheit haben sie für immer geprägt.

Kinder, die emotionale Gewalt oder Vernachlässigung erfahren, bleiben häufig in ihrer Entwicklung zurück und zeigen vor allem im Zusammenhang mit ihrem präfrontalen Kortex im Gehirn Reifungsstörungen, die ein ganzes Leben lang anhalten können. Sie haben in erster Linie Schwierigkeiten, die eigenen Emotionen zu regulieren.[63] Wie sich emotionale und psychische Gewalt langfristig auswirken, ist schwer vorhersehbar, denn dabei spielen verschiedene Faktoren eine Rolle. Das bedeutet auch, dass nicht jedes Kind schwere und dauerhafte Folgen befürchten muss, wenn es Gewalt erleidet. Es kommt auf das Alter des Kindes an, sein Umfeld, von wem die Gewalt ausgeht, wie lange sie andauert und wie schwerwiegend sie ist. Eine Rolle spielt auch etwas, das Forscher als Resilienzfaktoren bezeichnen, sogenannte psychische Abwehrkräfte, die uns helfen. Wie stark diese Resilienz ausfällt, ist individuell unterschiedlich und hängt von vielen weiteren Aspekten ab. Sicher ist: seelische Verletzungen schwächen den gesamten Organismus und das Immunsystem. Sie erinnern sich: Weiter oben habe ich Forschungen geschildert, die belegen, dass Kinder, die emotionale Gewalt erfahren haben, im Hirnscan ein kleineres Wachstum des Hippocampus aufweisen, also in jenem Bereich, der für die Verarbeitung von Gefühlen zuständig ist. Diese Kinder sind deshalb anfälliger für Stress – und für weitere Kränkungserfahrungen durch andere, etwa durch zukünftige Partner, weil sie nicht gelernt haben, ihre Gefühle ernst zu nehmen und auszudrücken und unangenehme Gefühle als Warnungen verstehen. Diese Warnungen lösen Stress aus, und Stress macht aggressiv. Und besonders bedrückend – nicht nur ihre psychischen, sondern auch ihre physischen Abwehrkräfte sind geschwächt.[64]

Vor allem das Herz, das Organ, das wir mit Liebe in Verbindung bringen, wird durch emotionalen Missbrauch geschädigt. Die Arterien verkalken schneller, und Betroffene haben ein größeres Risiko, an einem Herzinfarkt zu sterben.[65] Man könnte es auch so ausdrücken: Ein kleines Herz, das zu oft zu früh misshandelt wurde, hört früher auf zu schlagen. Es geht noch weiter. Die Entzündungswerte sind bei misshandelten Menschen häufig erhöht, was zu Übergewicht und anderen chronischen Erkrankungen, wie Diabetes, führen kann. Mittlerweile zeigen viele Studien, dass emotionale Gewalt die gleichen Folgen hat wie körperliche Gewalt.[66] Eine in Zusammenarbeit mit dem Bundesministerium für Bildung und Forschung im Jahr 2017 durchgeführte Untersuchung der Universität Leipzig konnte belegen, dass Kinder, die unter emotionaler Gewalt leiden, ein erhöhtes Cortisollevel haben – der psychische Stress, unter dem sie stehen, ist also körperlich messbar.[67]

Ich empfinde es als untragbar, dass wir immer noch eine Pädagogik dulden, die zu Mitteln emotionaler und psychischer Gewalt greift. Denn genau dieser Umgang mit Kindern stört und beschädigt die Bindung zwischen Kind und Bezugspersonen und kann zu einem Bindungstrauma führen. In der Folge ist das Kind, auch später als Erwachsener, häufig nicht in der Lage, sichere und stabile Bindungen zu anderen aufzubauen. Diese Menschen sind oft misstrauisch, vermeiden Beziehungen oder geraten immer wieder in sehr konfliktbehaftete Beziehungen. Angstzustände, Selbstzweifel, Drogensucht, aggressives Verhalten, selbstverletzendes Verhalten, Depressionen, Suizidgedanken, Essstörungen und Identitätsprobleme bis hin zu Persönlichkeitsstörungen können die Folge von emotionaler und psychischer Gewalt sein.[68] Auf diese Zusammenhänge zwischen emotionaler Gewalt, gesundheitlichen Folgen und Bindung komme ich im Kapitel »Seelenprügel« genauer zu sprechen. Ob und in welchem Ausmaß diese gesundheitlichen Folgen auftreten, ist individuell unterschiedlich. Umso wichtiger ist es daher, Schutzfaktoren zu generieren und den Kindern zu Hause und in Bildungsinstitutionen zur Verfügung zu stellen. Kinder sind abhängig von Nähe, Zuwendung und stabilen Bindungen.[69] Ist das gegeben, können Kinder auch potenziell stressige Erfahrungen wie eine Trennung der Eltern, Armut, Schulprobleme und Migration gut meistern. Diesen Anspruch an gute Bindung sollten auch Kitas und Schulen erfüllen. Davon sind wir derzeit allerdings weiter entfernt als von der Besiedelung des Mars.

Wissenschaftliche Ergebnisse, die in diesem Zusammenhang Hoffnung geben, liefert die berühmte Kauai-Studie, in der die Psychologin Emmy E. Werner 698 Männer und Frauen über mehrere Jahrzehnte begleitete und ihre Entwicklung beobachtete. Viele von ihnen waren von Armut, Ausgrenzung und den Folgen der Kolonialisierung betroffen. Doch diejenigen, in deren Leben es mindestens eine Person gab, die sich zuverlässig und liebevoll um sie kümmerte – häufig war es die Großmutter –, konnten mit diesen Belastungen sehr viel besser umgehen als die anderen. Wem diese wichtige Bindungsperson fehlte, der litt sehr viel häufiger an Alkoholsucht, starb früher und führte ein unglücklicheres Leben.[70] Die Kauai-Studie gilt als bahnbrechend im Zusammenhang mit dem, was Kinder resilient macht. Ich bin daher der Meinung, man sollte Kinder und großherzige, liebevolle Großeltern ohne Erziehungsanspruch wieder viel mehr zueinanderführen, damit schützende Beziehungen ihre volle Tragkraft entwickeln können – denn das funktioniert auch hierzulande, nicht nur auf Hawaii. Und auch nicht nur mit Großeltern, sondern ebenso mit anderen verlässlichen Bezugspersonen.

KAPITEL 3

Denn sie wissen nicht, was sie tun – Erziehungsstile und ihre Folgen

Aus der Absicht, das Beste für das Kind zu tun, entstehen häufig die schlimmsten Verletzungen.

Die meisten Eltern sehen sich einem Dilemma ausgesetzt. Einerseits ist es nicht nur ihre gesellschaftliche, sondern auch ihre biologische und evolutionäre Bestimmung, sich um ihre Kinder zu kümmern. Andererseits sind sie sich der beängstigenden Tatsache bewusst, was dabei alles schiefgehen kann und dass sie alleine die volle Verantwortung tragen. Umso wichtiger ist, dass wir alle, also die Gesellschaft insgesamt, uns dieser hohen Verantwortung bewusst werden und sie entsprechend honorieren. Eltern sollten wesentlich mehr Anerkennung und finanzielle Unterstützung dafür bekommen – zum Beispiel in Form von kostenfreien Kitas –, dass sie den Mut haben, Kindern ein Leben zu schenken. Ich denke, es gibt keine größere und keine schwierigere Aufgabe, als Kinder ins Leben zu begleiten. Wenn man diese Aufgabe richtig gut erfüllen will, und die meisten Eltern wollen das auch, dann brauchen sie von uns allen Unterstützung, Wertschätzung und Verständnis. Die meisten Eltern wollen ihr Bestes geben, wissen aber oft schlicht nicht, welche Folgen ihr unreflektiertes Handeln haben kann.

»Schwarze Pädagogik« in Kita und Schule – einfach nicht auszurotten

Es gibt sie, die jungen, mutigen Familien, die unter das Erbe der »schwarzen Pädagogik« einen Schlussstrich setzen möchten. Sie wenden Attachment Parenting an und begleiten ihre Kinder bedürfnisorientiert, indem sie eine stabile und sichere Bindung und die Wahrnehmung von Bedürfnissen an oberste Stelle setzen. Sie protestieren, unterstützt von der wachsenden Zahl wissenschaftlicher Studien,[71] gegen das alte, dunkle Gebaren, das auch heute noch in so vielen Köpfen herumgeistert und Kindern eindeutig schadet.

Doch spätestens, wenn Kinder auf den institutionellen Alltag in Kitas und Schulen prallen, wird es auch für diese neuen Eltern schwierig. Denn gerade in unseren Bildungseinrichtungen ist der Alltag in Form von Disziplinierungen, Strafen und vor allem Verwahren und Verwalten noch immer viel zu häufig an der »schwarzen Pädagogik« ausgerichtet. Vielleicht kennen Sie Kitas, in denen Zuspätkommen mit Teilnahmeverbot am Morgenkreis geahndet wird – mir ist das im Rahmen meiner Tätigkeiten in Kitas sehr häufig aufgefallen. Wie eine Endlosschleife habe ich Sätze gehört wie »Wer kein Gemüse isst, bekommt auch keinen Nachtisch« – »Wenn du nicht leise bist, schneide ich deinem Hasen das Ohr ab!« – »Alle gehen in den Garten, auch du, aber du brauchst ja immer eine Extraeinladung!« und »Was du willst, steht auf einem anderen Blatt, hier wird gemacht, was ich sage und zwar, *weil* ich es sage, Ende der Diskussion!« Und ich höre sie immer noch.

Die individuellen Bedürfnisse des einzelnen Kindes zählen meist wenig. Es geht vielmehr darum, dass die Gruppe möglichst reibungslos funktioniert, was ja an sich richtig und wichtig ist. Mein großes Bedenken ist allerdings, dass die individuellen Talente, Fertigkeiten und Fähigkeiten zu vieler Kinder dabei auf der Strecke bleiben, und genau das sollte nicht sein!

Diese Spirale beginnt oft bereits in den Kinderkrippen, wo Demütigungen, Essens- und Schlafzwang wie auch Vernachlässigung wegen viel zu großer Gruppen und eklatantem Personalmangel an der Tagesordnung sind. Über diese Zustände habe ich in meinem Buch Seelenprügel[72] bereits ausführlich geschrieben. Diese Dramatik setzt sich im Kindergarten und in der Schule fort, nur kommt hier noch der Leistungs- und Selektionsdruck hinzu. Gerade in der Schule müssen Kinder funktionieren, ohne den Sinn zu hinterfragen, ansonsten werden sie mit schlechten Noten nicht nur aussortiert, sondern, wenn sie doch kritisch werden und durch ihr Verhalten zeigen, dass es ihnen nicht gut geht – pathologisiert. Kinder drücken sich durch ihr Verhalten aus,[73] leider wissen das viele Lehrende nicht, daher ist ihnen in den meisten Fällen nicht bewusst, was sie Kindern eigentlich antun. Denn auch ihr Verhalten ist oft genug unreflektiert.

Die helfende Hand – aus meinem Beratungsalltag

Nach einem meiner Vorträge auf einem Kita-Leitungskongress trafen sich alle in der Pause zu Kuchenhäppchen und Kaffee. Statt der üblichen Höflichkeiten geriet ich diesmal in eine Grundsatzdiskussion. Die Leiterin eines bekannten, großen, deutschlandweit agierenden Kita-Trägers sprach mich an, als ich auf dem Weg zum Käsekuchen war: »Jetzt muss ich Sie aber doch mal fragen: Sie haben gerade gesagt, dass Kinder keine Grenzen brauchen, das meinen Sie aber nicht wirklich, oder? Wie soll denn ein Kind im Leben zurechtkommen, wenn man ihm alles durchgehen lässt? Ich kann ja auch nicht machen, was ich will. Finden Sie Ihre Sichtweise nicht weltfremd und sehr theoretisch? Andere Experten sagen auch, dass man Kindern nicht alles durchgehen lassen soll – Sie haben ja auch keine Kinder, oder?« Diese Haltung begegnet mir oft. Die damit verbundenen Fragen gehören zu meinen Lieblingsthemen, was meine leidenschaftliche Antwort erklärt, die ich der Leiterin nun gab – eine Antwort, die mir seitdem als helfende Hand dient und die ich hier Bezugspersonen reichen möchte, die sich diese Fragen auch stellen. »Nein, ich habe keine Kinder und bin deshalb keine Expertin fürs Muttersein. Ich bin Erziehungswissenschaftlerin, kenne mich gut mit Lernen aus und weiß einiges über Entwicklung. Vor allem weiß ich, dass die früheren Lerntheorien vollkommen überholt sind und Versuche, die im letzten Jahrhundert an Ratten durchgeführt wurden, nur bedingt auf Menschen übertragbar sind. Sie kennen diese Versuche sicher noch aus Ihrer Ausbildung in den 1970er-Jahren. Die Ratten wurden für bestimmte Verhaltensweisen so lange mit Stromschlägen bestraft, bis sie diese Verhaltensweisen unterließen. Man ›löschte‹ ihr Verhalten. Es gibt noch immer Menschen, die glauben, das funktioniert auch bei Kindern. Ich finde es bedenklich, dass man heutzutage noch immer auf Fachleute trifft, die ihre Pädagogik mit der Lerntheorie von Skinner begründen, die auf positiver und negativer Konditionierung beruht. Ich finde auch die Literatur über Tyrannenkinder unsäglich, weil darin ein vollkommen veraltetes Bild vom Kind dargestellt wird, obwohl man mittlerweile weiß, dass Verhalten nicht gelöscht, sondern nur verschoben werden kann. Hand aufs Herz: Wenn Sie sich als Erwachsene durchsetzen und Ihre Macht dazu benutzen, dass ein Kind sich dem fügt, was Sie verlangen, und Sie sehen in die traurigen Augen dieses Kindes, dann haben Sie zwar einen Sieg errungen, aber es ist ein Pyrrhussieg – denn alle Beteiligten haben verloren! Sie haben zwar konsequent gehandelt, doch Sie spüren unterschwellig, dass Ihr Handeln doch irgendwie falsch war. Nun sind Sie unzufrieden mit sich, und das Kind ist unglücklich, weil Sie so hart und erbarmungslos zu ihm waren. Kein gutes Gefühl, nicht wahr?«

Erziehungsstile und ihr gemeinsamer Nenner

Erziehung bedeutet immer Machtausübung und das ständige Abwiegen von Interessen. Einige Erziehungsstile verorten alle Macht beim Erwachsenen, andere lassen den Kindern zumindest Raum zur Mitsprache. Natürlich ist die Antwort auf die Probleme, welche die »schwarze Pädagogik« in Form von psychischer und emotionaler Gewalt aufwirft, nicht, Kinder sich selbst zu überlassen. Das wäre Vernachlässigung und damit auch eine Form von Gewalt. Kinder benötigen verlässliche Rahmenbedingungen und liebevolle Begleitung, um sich zu entwickeln. Sie brauchen Orientierung. Dabei kommt es darauf an, wie und mit welchen Mitteln Erwachsene diese Orientierung vertreten und wie Kinder dies erleben. Sind die Erwachsenen Leuchttürme oder kleine Windlichter? Fungieren sie als Vorbilder oder sind sie mit sich selbst im Unreinen und agieren unkalkulierbar?

Wenn es Erwachsenen nicht gelingt, Kinder entsprechend zu begleiten, ist viel zu oft erzieherische Gewalt nach wie vor das Mittel der Wahl. Das hinterlässt zwar immer seltener blaue Flecken und Gürtelstriemen, aber ganz sicher Spuren auf der Seele. Erzieherische Gewalt lässt sich in allen Milieus finden. Sie ist kein Schichtenproblem, wie so viele gerne glauben möchten. So manches Kind aus sehr wohlhabendem, gut situiertem Elternhaus verbringt viel zu viel Zeit vor seinen Displays, weil es zwar mit allen Varianten der neuesten Technologie ausgestattet ist, aber ihm nie jemand zuhört. So ein Kind hat alles, doch es ist emotional verarmt, sich selbst überlassen und vernachlässigt.

Je nach Perspektive lassen sich verschiedene Erziehungsstile, -konzepte und -philosophien unterscheiden. Grundsätzlich wird in der Literatur zwischen autokratischer, autoritärer, demokratischer, Laisser-faire-, antiautoritärer, autoritativer, permissiver und egalitärer[74] Erziehung unterschieden – also zwischen acht verschiedenen Stilen. Je nach Wissenschaftszweig tragen sie andere Namen. Ich lade Sie zu einem kleinen Überblick ein, der sowohl für Eltern als auch pädagogische Fachkräfte sehr augenöffnend sein könnte.

Autokratischer Erziehungsstil: Alle Macht den Erwachsenen

Der autokratische Erziehungsstil verlangt den absoluten Gehorsam des Kindes. Erwachsene sind allmächtig, stellen alle Regeln auf und strafen, wenn ihre Vorgaben nicht eingehalten werden. Selbstbestimmung oder die kindliche Meinung sind nicht gefragt. Die geringste Abweichung vom vorgegebenen Weg wird sanktioniert, auch Widerworte werden streng geahndet. Diese Art der Erziehung verhindert die Entwicklung eines starken Selbst sowie eine stabile und sichere Bindung. Erinnern Sie sich einmal an Gespräche mit Ihren Urgroßeltern und Großeltern – sehr wahrscheinlich kennen Sie daher Geschichten von eingesperrten und geprügelten Kindern in Kindergärten und Schulen.

Autoritärer Erziehungsstil: Zuckerbrot und Peitsche

Auch hier hat Gehorsam absolute Priorität, allerdings wird das Kind für erwünschtes Verhalten entsprechend belohnt. Es gibt klare Vorgaben im Zusammenhang mit Disziplin und Leistung und nur wenig Freiheiten. Das Misstrauen der »schwarzen Pädagogik« ist sehr präsent. Diese Form der Erziehung repräsentiert das System von Zuckerbrot und Peitsche. Sie dürfen davon ausgehen, dass die überwiegende Anzahl der Kriegskinder[75] so erzogen wurde. Und wenn diese Kriegskinder sich nicht reflektiert haben, dann dürfen Sie ebenso davon ausgehen, dass auch Ihre Eltern und vielleicht sogar Sie selbst in den Genuss von Zuckerbroten und Seelenpeitschen gekommen sind.

Antiautoritärer Erziehungsstil: Das Kind bestimmt

Hier wird ganz bewusst die autoritäre Erziehung auf den Kopf gestellt. Dieser Erziehungsstil kam Ende der 1970er-Jahre auf. Das Kind soll sich frei entfalten können, es werden keine Grenzen gesetzt. Regeln gibt es nicht, das Kind darf alles selbst entscheiden, da man darauf vertraut, dass es selbst weiß, was gut für es ist. Das kann klappen, aber in einer Welt, in der nicht nur Kinder, sondern auch Erwachsene Bedürfnisse haben, funktioniert es definitiv nicht. Und wenn es auch in einem bekannten Liedtext wunderbar klingt, »die Welt in Kinderhänden« ist keine Option. Dann kann Orientierungslosigkeit die Folge sein, und Kinder lernen nicht, wo die Grenzen anderer liegen und wie man aufeinander Rücksicht nimmt.

Autoritativer Erziehungsstil: Erziehung durch Vorbild

Dieser Erziehungsstil setzt vor allem auf die Vorbildfunktion. Kinder haben viele Freiheiten, die letzte Entscheidungsverantwortung liegt aber bei den Eltern. Die Familie spricht viel miteinander, Regeln werden klar kommuniziert. Das Verhalten der Eltern dient als Orientierung, ganz nach dem Motto »Erziehung ist Beispiel und Liebe, sonst nichts«. Der deutsche Pädagoge Friedrich Fröbel (1782–1852), von dem dieses Zitat stammt, wusste bereits, was Eltern wissen müssen, um ihre Kinder gut begleiten zu können. Nur eines hat er vielleicht nicht bedacht – Vorbild sein ist schwer, sogar sehr schwer, denn es hat mit großer Selbstdisziplin und viel Achtsamkeit zu tun. Und es ist leicht, von Kindern Dinge zu verlangen, auch wenn man sie selbst nicht beherrscht. Ich denke da an Kleinigkeiten, wie den anderen ausreden lassen oder nicht aus der Flasche zu trinken.

Demokratischer Erziehungsstil: Alle haben Rechte

In diesem Fall sind Eltern und Kinder gleichwertige Partner. Kinder bekommen Erklärungen, und Eltern diskutieren mit ihren Kindern. Die Kinder haben das Recht, Vorgaben zu hinterfragen, und wenn sie gute Argumente liefern, können Regeln geändert werden. Trotzdem gibt es auch Sanktionen, und im Zweifel haben immer die Eltern das Sagen. Eng verwandt damit ist der egalitäre Erziehungsstil, bei dem ebenfalls diskutiert wird. Allerdings gibt es keine Strafen, und Kinder gelten als gleich würdige Menschen. Die große Chance dieses Umgangs mit Kindern ist, ihnen Angstfreiheit und Beziehungsorientierung geben zu können. Würden Sie nicht auch gerne in einer Welt leben, in der Kinder lernen, dass jeder Mensch würdevoll behandelt wird und jeder die Grenzen des anderen wahrt?

Laisser-faire-Stil und permissive Erziehung: Mir doch egal!
Im Grunde sind beide Vorgehensweisen keine bewussten Erziehungsstile, wie es die antiautoritäre Erziehung ist, sondern vielmehr Vernachlässigung. Eltern, die sich nicht oder nur wenig um ihre Kinder kümmern, haben aufgegeben und lassen ihre Kinder einfach gewähren – ohne Gewährenlassen als Konzept bewusst zu verfolgen. Konsequenzen oder Regeln gibt es nicht – mit den entsprechenden Folgen für die Kinder und ihre Umgebung. Der permissive »Erziehungsstil« erlaubt Kindern einfach alles und belohnt, wo es nur geht. Das ist eine sehr perfide Variante von Gewalt, denn diese Eltern entschuldigen das Verhalten ihrer Kinder jederzeit – und es ist ebenso eine klare Form von Vernachlässigung. Die Kinder müssen sich um viel zu viel selbst kümmern und bekommen von ihren Eltern oft nur dann Hilfe, wenn sie konkret darum bitten. Kinder brauchen aber Orientierung und Leuchttürme, die sie leiten. Der Laisser-faire-Stil ist außerdem nicht im Ansatz beziehungsorientiert, denn Beziehungen sind keine Einbahnstraßen. Kinder lernen nur, dass sie tun können, was immer sie wollen – und das bringt mit Sicherheit keine verantwortungsvollen Erwachsenen hervor, die man gerne um sich hat.

Der fatale Kreislauf der Schemata

Die Grundlage guter Erziehung – und ich werde den Begriff in diesem Buch weiterhin benutzen, weil wir ihn nicht zwingend umbenennen müssen, sondern auch positiv besetzen können – ist Bindung. Dieser Aspekt kann gar nicht oft genug betont werden! Eine sichere Bindung ermöglicht uns, voller Urvertrauen in die Welt zu gehen und mit Selbstvertrauen zu entdecken, was das Leben für uns bereithält. Bindung erfüllt unsere wichtigsten Bedürfnisse, macht uns resilient und mutig.[76]

Wenn in unserer Kindheit wichtige Grundbedürfnisse nicht oder nur ungenügend befriedigt werden, können dadurch Verhaltensmuster entstehen, die uns im schlimmsten Fall unser Leben lang negativ beeinflussen. Der amerikanische Psychologe Jeffrey Young nennt diese Muster Schemata.[77] Es sind tief in uns verankerte Gefühls- und Gedankenmuster, die wie innere Landkarten in uns festgeschrieben sind und unser Verhalten steuern – ohne dass wir uns dessen bewusst sind. Diese Landkarten des Lebens nennt Young ungünstige Muster oder maladaptive Schemata. Sie sind eine Art dauerhafte Bewältigungsstrategie als Reaktion auf kindliche Belastungserfahrungen.

Schemata sind per se nicht negativ. Sie sind zunächst einfach nur handlungsbestimmende Grundannahmen einer Person über sich selbst. Sie entlasten unser Gehirn und helfen uns, unsere Umwelt zu sortieren. Alle Schemata, positive wie negative, entstehen zu einem frühen Zeitpunkt unserer persönlichen Entwicklungsgeschichte. Sie prägen uns nachhaltig, ohne dass wir uns ihrer voll bewusst sind. Sie sind ein Teil von uns – tief eingegraben in unserem Selbst, weil sie mit ihm gewachsen sind. Sie sind ein in uns gemaltes Bild, ähnlich einer Tätowierung. Das Beispiel der Tätowierung finde ich besonders passend, da man dabei eigentlich selbst auswählt, welches Bild den Körper zieren soll. Und nun stellen Sie sich vor, Sie suchen ohne Vorlage ein Tattoo-Studio auf und müssen sich auf die Idee, die Fantasie und das Können der tätowierenden Person verlassen. Ihnen bleibt dann nur noch zu hoffen, am Ende eine gelungene Tätowierung, die Ihnen gefällt, Ihr eigen zu nennen. Wie auch immer das Experiment ausgeht, diese Tätowierung ist nun ein untrennbarer Teil von Ihnen und zeichnet Sie aus. Genau so, wie Eltern mit ihrem Verhalten in ihre Kinder »zeichnen« und dadurch bestimmte Schemata erzeugen. Zugegeben, ein wenig hinkt der Vergleich – Sie müssen sich ja nicht zwingend tätowieren lassen und können sich das Studio aussuchen. Kinder jedoch haben keine Wahl und müssen sich voll und ganz auf ihre Eltern und die Umwelt, in die sie geboren wurden, verlassen.

Werden kindliche Bedürfnisse wie Zuwendung, Stabilität, aber auch Abgrenzung und Autonomie, nicht oder nur unzureichend erfüllt, können Schemata entstehen, die unser Verhalten auch noch als Erwachsene beeinflussen. Jeffrey Young bezeichnet dies als »Lebensfallen«. Er unterscheidet insgesamt 18 Schemata, die in fünf Domänen aufgeteilt sind:

1. **Domäne Abgetrenntheit und Ablehnung:** Diese Domäne umfasst die Schemata Verlassenheit, Misstrauen und Missbrauch, emotionale Entbehrung, Unzulänglichkeit, Scham, soziale Isolation und Entfremdung. Gefühle der Verlassenheit treten bei einer unsicheren Bindung auf, Misstrauen gegenüber anderen Menschen entsteht durch die Erfahrung narzisstischer Beziehungen. Bei emotionaler Entbehrung fühlen Betroffene oft ein starkes Gefühl innerer Leere. Unzulänglichkeit und Scham werden meist durch Demütigungen und Beschimpfungen hervorgerufen. Soziale Isolation und Entfremdung entstehen durch fehlende soziale Kontakte.

2. **Domäne Beeinträchtigung von Autonomie und Leistung:** In dieser Domäne finden sich Abhängigkeit und Inkompetenz durch Eltern, die ihren Kindern nichts zutrauen. Durch überängstliche und überbehütende Eltern entwickeln sich unter Umständen Ängste, es entstehen Verstrickungen und ein unentwickeltes Selbst durch kindliche Schuldgefühle und Versagensängste durch fehlende Ermutigung seitens der Eltern.

3. **Domäne Beeinträchtigung im Umgang mit Grenzen:** Diese Domäne betrifft die Wahrnehmung der eigenen Grenzen und jene der anderen, es finden sich die Schemata Anspruchshaltung und Grandiosität als übersteigerte Selbstwahrnehmung und unzureichende Selbstkontrolle in Form heftiger Gefühlsausbrüche. Besonders bei der antiautoritären Erziehung laufen Kinder Gefahr, keine Selbststeuerung zu lernen und sich nicht in ein soziales Gefüge integrieren zu können.

4. **Domäne Fremdbezogenheit:** Zu dieser Domäne gehören die Schemata Unterwerfung, wenn beispielsweise im Elternhaus keinerlei Widerspruch erlaubt war, sowie Selbstaufopferung und ein Streben nach Anerkennung. Menschen, die nicht auf sich selbst achten, Probleme haben, »Nein« zu sagen und es allen recht

machen wollen, könnten jetzt, wenn sie diese Zeilen lesen, ein Aha-Erlebnis haben.

5. **Domäne übertriebene Wachsamkeit und Gehemmtheit:** Diese Domäne enthält die Schemata Negativität und Pessimismus, also den Glauben, dass immer nur das Schlimmste eintritt. Durch eine autoritäre Erziehung entsteht emotionale Gehemmtheit, weil die eigenen Gefühle nicht geäußert werden. Folgen können weiterhin überhöhte Standards in Form von Perfektionismus und Bestrafungen sein in Verbindung mit der Überzeugung, dass Menschen im Allgemeinen von Grund auf schlecht seien, auch man selbst, und Strafe verdient hätten. Falls kein strafender Mensch anwesend sein sollte, bemüht man einfach höhere Mächte. Die geradezu klassische Aussage dazu lautet: »Womit habe ich das nur verdient?«

Wie stark sich Schemata auswirken, kommt auf die Intensität der jeweiligen Erfahrung an und hängt davon ab, ob sie sich gegebenenfalls überschneiden. Man kann auch mehrere Schemata verwenden: ziemlich praktisch für das Gehirn, allerdings nicht besonders wohltuend für die Seele. Werden Schemata später durch bestimmte Situationen reaktiviert, können heftige Gefühle wie Angst vor dem Verlassenwerden, Traurigkeit oder auch Wut auftreten, die man dann erst einmal nicht einzuordnen weiß.

Schemata funktionieren wie Brillen, mit denen man die Welt betrachtet. Besonders in Partnerschaften und wenn Menschen Eltern werden, also dann, wenn intensive Emotionen auftreten und viel Nähe gegeben ist, werden solche Schemata aus der Kindheit wieder aktiv. Die Betroffenen merken, dass mit ihnen etwas nicht zu stimmen scheint, dass sie insbesondere die gewünschte partnerschaftliche Nähe, das weinende Wunschkind oder gar beides nicht gut aushalten können oder sehr misstrauisch und ängstlich sind. Doch sie spüren auch, dass sie ihre Gefühle und ihr Verhalten nicht oder nur schwer ändern können. Sie wollen es unbedingt schaffen, versuchen alle mögliche Psychotricks, lesen zahlreiche Ratgeber, und doch –

immer wieder siegt das alte Verhalten. Was Wunder, handelt es sich doch um eine tief eingeritzte Zeichnung auf der Seele, die man nicht einfach so mit Wasserfarben übermalen kann.

Mir ist hier wichtig zu betonen, dass Schemata auch sehr hilfreich für Kinder sind, denn sie dienen als Training, mit der Welt zurechtzukommen, zu sprechen, zu laufen und Strategien zu entwickeln, um verletzenden Situationen so heil wie möglich zu entkommen. Deshalb sprechen Schematherapeuten auch von drei kindlichen Bewältigungsstrategien: Erdulden, Vermeiden und Kompensieren. Diese Strategien helfen dem jungen Menschen zwar für den Moment dabei, intensiven seelischen Schmerz zu ertragen, auf Dauer führen sie aber dazu, den Schmerz seelisch zu verfestigen – und dadurch beginnt ein fataler Kreislauf.

Jemand, der etwa Erduldung zu seiner Bewältigungsstrategie macht, lernt nie, seine eigenen Bedürfnisse anzumelden, und ordnet sich unter. Vermeiden bedeutet, Konflikten um jeden Preis aus dem Weg zu gehen und damit auch einer Vielzahl von Chancen und menschlichen Interaktionen. Kompensation zeigt sich häufig in Form von Aggression oder Suchtverhalten: Oft treten auch interessante Trilogien all dieser Strategien auf und führen zu einem Leben mit dementsprechenden Konsequenzen und Belastungen.

Auch Lob und Überbehütung können gewaltvoll sein

Von Strafe als Form von psychischer und emotionaler Gewalt war bereits die Rede. Wir dürfen jedoch nicht vergessen, dass auch Lob gewaltvoll sein kann. Beide Ausdrucksformen, Lob wie Strafe, beabsichtigen, das Verhalten eines Kindes in der gewünschten Weise zu beeinflussen. Ein Zuviel an Lob kann dem Kind seine innere Motivation nehmen, etwas zu tun. Kinder sind aus sich selbst heraus aktiv, kreativ, entdecken freudvoll die Welt und beschäftigen sich selbstvergessen mit vielen verschiedenen Dingen. Wenn also Eltern oder Pädagogen Kinder ständig überschwänglich loben und sie mit Geschenken und andauernder Aufmerksamkeit belohnen, kann das dazu führen, dass Kinder ihre intrinsische Motivation verlieren und nur noch auf die äußere, extrinsische Motivation reagieren. Im schlimmsten Fall hat ein Kind dann keinen inneren Antrieb mehr, sich selbstständig mit den Dingen zu beschäftigen, die es eigentlich interessant findet. Es tut nur noch etwas, wenn es von außen eine Belohnung zu erwarten hat. Vielleicht schreiben Kinder besonders gute Noten, wenn sie sich innerhalb weniger Jahre durch hohe monetäre Belohnungen fast schon eine Yacht kaufen könnten. Doch diese Kinder werden die Yacht nicht unterhalten können, wenn sie mit wenig eigenem Antrieb in ein selbstständiges Leben starten. Menschen brauchen Ziele, die für sie Sinn machen, das macht zufrieden und frei – und nicht die Belohnung. Sie erzeugt vielmehr Abhängigkeit und Unfreiheit! Wichtig ist dabei, zwischen Lob und Ermutigung eindeutig zu unterscheiden. Ermutigung bedeutet, ein Kind darin zu unterstützen, seine Kreativität zu entdecken und seine Fähigkeiten auszubauen, indem man als Elternteil etwa Bastelmaterialien kauft oder Ideen zusammen bespricht. Lob hingegen belohnt manche Ergebnisse, andere hingegen nicht und ignoriert den Weg, der zu dieser Leistung geführt hat, vollkommen.

Ein weiterer Aspekt, die Überbehütung, wurde bereits bei den Schemata angedeutet. Es ist mir ein Anliegen, ihn noch einmal näher zu erklären, um zu zeigen, welche subtilen Formen emotionale und psychische Gewalt haben kann. Wenn ein Kind ständig Entmutigung erfährt, weil es nichts ausprobieren darf, keine Verantwortung übernehmen soll, ständig nur an willkürlich gesetzte Grenzen stößt, dann wird es stark in seiner Entwicklung eingeschränkt und regelrecht zur Unselbstständigkeit gezwungen.

Wenn jede Gefahr zu groß ist und alles unter der Kontrolle der Erwachsenen steht, kann ein Kind nie lernen, seine Flügel auszubreiten und zu fliegen. Ich frage Sie: Wie soll ein Mensch jemals Höhenflüge erreichen, wenn sämtliche Flugübungen im Keim erstickt werden? Selbstbewusstsein braucht viele positive Erfahrungen im

Meistern von Herausforderungen. Dazu gehört auch, dass man lernen darf, zu scheitern. Wo diese so wichtigen Erfahrungen fehlen, bleibt Ängstlichkeit, und diese erlernte Hilflosigkeit kann ein Leben lang bremsen. Solche Menschen gehen zwar ihren Weg, werden aber wahrscheinlich viele Phasen haben, in denen sie blockiert von Selbstzweifeln und Ängsten vor sich hindümpeln, anstatt kraftvoll durch ihr Leben zu reisen.

Ich beobachte immer wieder, dass Menschen Kinder, vermutlich aufgrund von eigenen Ängsten, überbehüten. Bei anderen geht es darum, unbedingt zu verhindern, dass Kinder selbstständig werden, sich abnabeln und ihre eigenen Wege gehen. In Kitas sehe ich häufig, wie sich Kinder gegen ihren Willen helfen lassen müssen, damit es schneller geht. Sie werden gefüttert, obwohl sie selbst essen wollen, sie werden an- und ausgezogen, obwohl sie es selbst machen wollen. Sie müssen einen Schneemann malen, obwohl sie sich lieber im Garten bewegen würden. Sie müssen sich ausschließlich an die Vorgaben und Regeln halten, die Erwachsene sich für sie – nicht zusammen mit ihnen – ausdenken.

Diese Kinder werden nicht als eigenständige Persönlichkeiten wahrgenommen. Sie dürfen weder ihren Bedürfnissen noch ihren Ideen folgen und in manchen Fällen tun sie das dann nicht einmal, wenn sie längst erwachsen sind – sie haben gelernt, sich anzupassen und nach den Vorstellungen ihrer Eltern zu leben. Ja, es gibt sie, die Erwachsenen, die tun, was ihre Eltern verlangen. Und es gibt Eltern, die sich wünschen, dass ihre erwachsenen Kinder wie sie selbst leben. Das ist fatal, denn Kinder haben das Recht auf ein Leben, das ihren Wünschen und Talenten entspricht, und vor allem auf ein Leben, das sie selbst für lebenswert halten und das nicht den Normen anderer, auch nicht ihrer Eltern, entspricht.

Menschen können nichts für das, was ihnen als Kindern geschehen ist. Doch alle tragen Verantwortung dafür, wie sie als Erwachsene damit umgehen, ganz gleich, in welcher Form sie das tun – in einer Therapie, einer Selbsthilfegruppe oder indem sie Kurse besuchen, entsprechende Literatur lesen und sich mit sich selbst beschäftigen.[78]

In diesem ersten Teil des Buches war es mir ein Anliegen zu schildern, wie stark die unterschiedlichen Ausprägungen von verbaler wie nonverbaler Gewalt in viel zu vielen Kinderleben präsent sind. Denn erst, nachdem wir alle als Gesellschaft ein Bewusstsein dafür entwickelt haben, ist es möglich, wirksame Wege der Gewaltfreiheit zu finden und zu beschreiten.

Teil II:

Wege zur Gewaltfreiheit

KAPITEL 4

Kinderrechte als neuer Maßstab – warum ein Umdenken dringend erforderlich ist

Emotionale Gewalt hat selten Konsequenzen für die Täter – für die Opfer gibt es lebenslänglich.

Die Beschäftigung mit der Literatur zur Geschichte der Kindheit ist eine traurige Angelegenheit[79], und bis heute ist es nicht wirklich gelungen, Kinder ausreichend vor Gewalt, die ihnen durch Erwachsene zugefügt wird, zu schützen. Ich gehe nach meiner fast dreißigjährigen Berufserfahrung noch einen Schritt weiter und vermute: Es gibt kein einziges Kind weltweit, das nicht früher oder später emotionale Gewalt erfährt – in seinem Zuhause, in der Kita oder in der Schule.

Kinder haben zwar Rechte, diese werden jedoch überhaupt nicht oder nur unzureichend eingeräumt und geachtet, da sie vielen Eltern und Fachkräften vollkommen unbekannt oder aber viel zu unbequem sind. Allein die Vorstellung, wir würden von nun an alle Rechte von Kindern respektieren, irgendjemand würde das kontrollieren und Rechtsübertritte könnten geahndet und bestraft werden, ist doch schlicht und ergreifend unvorstellbar. Stellen Sie sich nur mal vor: Sie als Elternteil schreien Ihr Kind an, weil es nicht das getan hat, was es in Ihren Augen tun sollte, und dafür müssen Sie 100 Euro Strafe bezahlen, weil Sie das Kinderrecht auf gewaltfreie Erziehung verletzt haben? Ein Lehrer stellt ein Kind vor der Klasse bloß und muss daraufhin aus denselben Gründen drei Tagessätze berappen? Nein, wir alle wissen, das wird nie passieren! Und das ist auch gut so, denn das Letzte, was wir anstreben sollten, ist die permanente Überwachung von Eltern und Pädagogen. Die Veränderung in Richtung Gewaltfreiheit kann in meinen Augen nur von innen nach außen stattfinden, denn die Gesetze sind bereits vorhanden. Nun liegt es an uns, sie entsprechend umzusetzen, und dazu brauchen wir eine beziehungsorientierte Haltung und den Abschied von autoritärem Denken. Damit wäre den meisten Kindern schon sehr geholfen.

Die UN-Kinderrechtskonvention – und ihre Lücken

Nach der Unabhängigkeitserklärung der USA und der Französischen Revolution beschäftigten sich vor allem Lehrer vermehrt mit der Situation der Kinder. In Großbritannien wurde im Jahr 1833 durch den *English Factories Act* die Fabrikarbeit für Kinder unter neun Jahren verboten. In Deutschland gibt es seit 1896 Sanktionen für Eltern, wenn diese sich nicht genug um ihre Kinder kümmern oder sie gar misshandeln. Nach dem Ersten Weltkrieg gründete die Britin Eglantyne Jebb die erste Kinderrechtsbewegung und initiierte die *Genfer Erklärung* (1924), in der zu lesen war, dass die Menschheit den Kindern das Beste, was sie zu bieten habe, schuldig sei – ein guter Anfang, der allerdings noch keine Rechtsverbindlichkeit darstellte. Dennoch war sie ein erster Schritt hin zu erhöhtem und rechtlich verbrieftem Schutz für Kinder. Nach dem Zweiten Weltkrieg griffen die Vereinten Nationen die Idee auf, Kindern mehr Rechte zu geben, woraufhin 1959 die erste Erklärung der Kinderrechte in der Generalversammlung verabschiedet wurde. Sie wird seither ständig erweitert und ergänzt. Die UN-Kinderrechtskonvention, die Sie im Volltext hier finden,[80] legt fest, dass Kinder vor Folter, Kinderarbeit und Todesstrafe zu schützen sind, dass sie ein Recht auf Identität und Herkunft haben, dass ihre Ehre und ihr Wohlergehen zu schützen sind und dass die Vertragsstaaten Kinder vor körperlicher und sexueller Gewalt schützen müssen. Das ist immerhin schon ein gewisser Fortschritt, aber wir sollten nicht vergessen: Tatsächlich umgesetzt wird in den Vertragsstaaten nur wenig. Keines der vier Grundprinzipien der Kinderrechte ist gewährleistet, nicht einmal in Deutschland: weder das Recht auf Nichtdiskriminierung, das Recht auf Leben, Überleben und Entwicklung, die Einhaltung der Kindesinteressen noch das Recht auf Partizipation, also Teilhabe.

Alleine das Recht auf Partizipation würde unser gesamtes Denken und Leben mit Kindern verändern, wenn jeder Erwachsene sowie alle Kitas und Schulen es ernst nehmen und entsprechend umsetzen würden. Teilhabe und Selbstbestimmung bedeuten nämlich sehr viel mehr als die Frage: Willst du den roten oder den blauen Pullover anziehen? Wird das Recht auf Partizipation gelebt, haben Kinder nicht nur auf dem geduldigen Papier das Recht, gehört zu werden und bei allen Belangen, die sie betreffen, mitzuentscheiden. Sie haben dann tatsächlich die Möglichkeit, dies auch zu tun! Das ist natürlich harte Kost für all jene, die der Meinung sind, dass Zähne täglich und pünktlich um 18:53 Uhr geputzt werden müssen, und die, wenn ein Kind das in genau diesem Moment nicht möchte, die Zahnputz-Aktion auch gegen den Willen des Kindes, eventuell sogar unter Einsatz von psychischer und physischer Gewalt, durchsetzen. Stellen Sie sich vor, es kommt eine vertraute Person auf Sie zu und bittet Sie, etwas in den Mund zu nehmen, das Sie nicht möchten. Sie lehnen ab. Daraufhin wird das Bitten zu einem Drängen, dann zu einem Fordern und schlussendlich zu einem körperlichen Übergriff. Wie würden Sie es bei einem Erwachsenen nennen, wenn man einen Gegenstand gegen den Willen des Betreffenden in eine Körperöffnung einführt?

Ich formuliere bewusst sehr provokant und spitz, denn das Beispiel des Zähneputzens zeigt deutlich, dass es leicht ist, von Partizipation zu sprechen, sie sich im Alltag aber nur sehr schwer umsetzen läßt. In meinen Coachings sehe ich immer und immer wieder Eltern, die ihre eigene Leidensgeschichte mit Themen wie Zähneputzen, Anziehen, Schlafengehen und all den anderen alltäglichen Schlüsselsituationen haben. Es gibt keine Patentrezepte, es gibt keine

Pauschallösungen, denn Kinder sind verschieden und Eltern sind es auch. Es gibt nur die Möglichkeit, die prinzipielle Haltung zu überdenken und möglicherweise zu verändern, und das ist eine Lebensaufgabe – für Sie, für mich, für uns alle.

Nun noch einmal zum Thema Zähneputzen: Natürlich, Kinder müssen Zähne putzen, sie tun es meist auch, nur eben nicht genau dann, wenn die Erwachsenen es anordnen. Und genau darin besteht ihr Recht auf Teilhabe und Mitbestimmung.

Deutschland ratifizierte die UN-Kinderrechtskonvention im Jahre 1992. Von emotionaler und psychischer Gewalt ist darin jedoch immer noch nicht die Rede. Die Konvention hat weltweiten Geltungsanspruch, also auch in jenen Ländern, die von Krieg und Armut betroffen sind, oder in Gesellschaften, in denen der Umgang mit Kindern häufig noch ein körperlich gewaltvollerer ist. Und wenn man weltweit scheinbar nicht einmal den Einsatz von körperlicher Gewalt und Ausbeutung ausrotten kann, wie soll man da auf etwas so Ungreifbares wie emotionale Gewalt eingehen oder gegen sie etwas unternehmen? Gerade deshalb ist wünschenswert und dringlich, dass in Zukunft auch der Schutz vor emotionaler und psychischer Gewalt in die UN-Kinderrechtskonvention aufgenommen wird, um Kinder weltweit so gut wie möglich vor den Folgen von Gewalt in jeder Form zu schützen.

Das Recht auf Schutz vor Gewalt

In Deutschland sind Kinder seit dem Jahr 2000 per Gesetz vor Gewalt durch die Eltern geschützt. § 1631 Abs. 2 BGB sagt: »Kinder haben ein Recht auf gewaltfreie Erziehung. Körperliche Bestrafungen, seelische Verletzungen und andere entwürdigende Maßnahmen sind unzulässig.« Das Recht auf gewaltfreie Erziehung schließt also den Schutz vor psychischer und emotionaler Gewalt explizit mit ein.

Und nun das große Aber: Noch im Sommer 2021 scheiterte wieder einmal ein Gesetzesentwurf der Großen Koalition, die Kinderrechte im Grundgesetz festzuschreiben, an mangelnder Einigkeit der involvierten Parteien. Und das ausgerechnet während der Corona-Zeit, in der es für viele Kinder ohnehin nicht gut aussah. Außerdem war die Verankerung dieses Gesetzes im Koalitionsvertrag von Union und SPD eigentlich ausdrücklich festgehalten worden. Die Parteien warfen sich, wie in solchen Situationen üblich, gegenseitig mangelnden Einigungswillen vor. Der politische Zwist geht – wieder einmal – zulasten der Kinder. Anlass für den Streit war offiziellen Verlautbarungen zufolge das Dreiecksverhältnis zwischen Eltern, Kind und Staat.[81] Stärkt man nämlich die Eingriffsrechte des Staates, etwa beim Verdacht auf Kindeswohlgefährdung, um insgesamt mehr Kinder zu schützen, schwächt man auf der anderen Seite möglicherweise die Eltern. Aber auch wenn das Thema schwierig und heikel ist, muss die Politik rasch eine Lösung zu finden. Die vielen Missbrauchsfälle der letzten Jahre, bei denen schon im Vorfeld auch das Jugendamt involviert war, zeigen deutlich, dass wir eine sehr viel konsequentere Anwendung der existierenden Regelungen brauchen, um Kinder besser zu schützen.[82] Und wir brauchen die Verankerung der Kinderrechte im Grundgesetz, weil sich dann Eltern viel stärker für ihre Kinder einsetzen können und nicht der Staat gegen Eltern, was allerdings ein durchaus unerwünschter Nebeneffekt sein könnte. Wir müssen dies unbedingt und möglichst zeitnah schaffen, um endlich neue Maßstäbe zu etablieren.

Auch wenn sich viele Menschen dagegen wehren, Gesetze verändern bekanntlich den gesellschaftlichen Diskurs. Das konnte man sehr gut bei der gesetzlichen Anschnallpflicht erkennen oder dem Rauchverbot in Innenräumen. Durch Gesetze ändert sich die Art und Weise, wie wir Dinge betrachten und was wir als normal und tolerierbar einordnen. In diesem Sinne würden auch Kinderrechte als Teil des Grundgesetzes deren Bedeutung viel mehr in das öffentliche Bewusstsein rücken und alleine durch diese Tatsache dem Schutz von Kindern ein wesentlich größeres Gewicht verleihen.

Große Veränderungen fangen bei uns selbst an

Tatsächlich zeigen Erhebungen nach der Einführung des Verbots der Körperstrafe im Jahr 2000, dass in den Köpfen der Eltern seitdem durchaus ein gewisses Umdenken stattgefunden hat. Leider kursiert aber auch noch immer die Überzeugung, dass ein Klaps hier und da nicht schade. Diese Meinung nimmt, wie die Untersuchung von Jörg M. Fegert[83] zeigt, immerhin stetig ab. Die meisten Eltern möchten ihre Kinder heute ohne Schläge erziehen, körperliche Gewalt wird gesellschaftlich immer weniger toleriert.

Das Problem: Psychische und emotionale Gewalt ist sehr viel schwerer festzustellen oder gar zu beweisen als körperliche, da sie keine äußerlichen Spuren hinterlässt. Sie wird zudem noch praktiziert, weil sie heute den breitflächig tolerierten erzieherischen Umgang mit Kindern repräsentiert. Entsprechend strengere Gesetze, einhergehend mit detaillierten Informationen zur Schädlichkeit emotionaler Gewalt, könnten ein Umdenken anstoßen. Doch die Veränderung im Denken und Handeln ist immer eine individuelle. Die Forschung kann Ursachen finden und Folgen aufzeigen – Verhalten verändern kann nur jeder selbst.

Ich bin überzeugt, dass Eltern und Pädagogen gewaltbewusster denken und handeln, wenn sie ihre eigene Biografie reflektieren, weil alleine dadurch viel klarer würde, was man in seinem Leben von wem gelernt hat und warum man handelt, wie man handelt. Als Gesellschaft und vor allem auch als Individuen können, ja müssen wir uns dafür entscheiden, Kinder nicht mehr durch seelische Gewalt zu erziehen, und hier analog zu körperlicher Gewalt auch eine Form von sozialer Verantwortung zu verankern. Wenn wir erkennen, dass jemand in unserer Umgebung seelische Gewalt anwendet, sollten wir unbedingt und jederzeit die Handelnden darauf aufmerksam machen, was diese Art der Ansprache bei Kindern auslöst. Genau so, wie wir heute hoffentlich auch handeln würden, wenn wir beobachten, dass jemand sein Kind schlägt. Nur wenn so viele Menschen wie möglich agieren und einschreiten, können wir die Gesellschaft grundsätzlich für das Thema sensibilisieren und damit einhergehend auch eine Veränderung im Denken und Handeln anbahnen.

Seelische Gewalt ist nicht tolerierbar. Das muss das neue Credo und der neue Maßstab werden – zu Hause, in der Kita, in der Schule.

Die helfende Hand – aus meinem Beratungsalltag

In meinem Beratungszimmer sitzt Familie Kuhn: Vater, Mutter und zwei Jungs, einer zwei, der andere vier Jahre alt. Die Kuhns sind bei mir, weil die Eingewöhnung des zweijährigen Elias in die Krippe nicht klappt. Frau Kuhn will aber in einer Woche wieder anfangen, im Versicherungsbüro zu arbeiten. Herr Kuhn versteht das ganze Konzept einer Eingewöhnung nicht, Elias werde ein »Weichei«, wenn man so einen »Aufstand wegen ein paar Tränen« mache. Außerdem ist die Bezugserzieherin der Meinung, dass Frau Kuhn sich nicht trennen könne und Elias' Eingewöhnung deshalb so schwierig sei. Der Plan ist nun: Elias wird in die Krippe gebracht und dann weint er eben, bis er sich beruhigt hat. Die Frage der Kuhns an mich lautet: Was meinen Sie dazu – wird es ihm schaden? Schaden wollen sie ihm natürlich nicht. Die beiden Kinder hatten inzwischen meine 107 Schleichtiere ausgeräumt und probierten aus, welches Tier auf welchem reiten kann – Eichhörnchen auf Blauwal geht, Wellensittich hält auf der Kuh, nicht auf der Ziege. Das war meine helfende Hand für die Kinder, sie amüsierten sich prächtig. Meine helfende Hand für Familie Kuhn und auch für Sie, wenn Sie möchten, sieht wie folgt aus: Ich finde es wunderbar, dass sich immer mehr Menschen überhaupt Gedanken um die Seele von Kindern machen. Schade ist, dass die Basis für Eingewöhnungen, nämlich die Bindungstheorie, nicht immer ausreichend mit Eltern besprochen wird. Ich empfahl auch ein paar Bücher über Bindung, weil sie mich darum gebeten hatten. Dann bat ich die Eltern, sich vorzustellen, wie es ihnen an Elias' Stelle gehen würde, und ob sie sich an schwere Abschiede erinnern können. Frau Kuhns Augen füllten sich mit Tränen. Dann bat ich beide, sich ein Familientreffen in 25 Jahren vorzustellen, und wie ihr dann 27-jähriger Sohn Elias, der gerade Vater geworden ist, wissen will, wie damals seine Eingewöhnung in die Kita war. Ich fragte, was sie ihm lieber erzählen wollten: dass sie sich mehrere Wochen Zeit genommen haben, damit er einen sanften Übergang hatte und er danach meistens gerne in der Kita war – oder dass er wochenlang unglücklich war, viel geweint hat, dass es aber irgendwann gut war und er sich an die Kita gewöhnt hat. Nachdem beiden Eltern die erste Variante wesentlich besser gefallen hat und Frau Kuhn ihren Mann sogleich um mehr Unterstützung bat, entschied sie sich, ihren Arbeitsbeginn noch einen Monat zu verschieben und die Eingewöhnung zu verlängern. Manchmal ändern sich Sichtweisen schnell, neue Wege tun sich auf, und manchmal bleibt das Wildschwein sogar kurz auf dem Elefanten stehen.

Selbsterkenntnis als Königsweg

Kein Gesetz und kein Kinderrecht wird das jemals ändern: Das Zusammenleben mit Kindern ist anstrengend. Reizbarkeit und unbeherrschte Reaktionen auf das Verhalten eines Kindes sind zutiefst menschlich und kein Grund, in tiefen Schamgefühlen zu versinken. Trotzdem finde ich es auch essenziell, dass Eltern sich aufgrund ihres eigenen ungeduldigen oder zornigen Verhaltens gegenüber ihren Kindern schuldig fühlen, ja, Sie lesen richtig – fühlen Sie sich schuldig. Und dann entschuldigen Sie sich. Somit lernen Kinder gleich, dass sie es wert sind, dass sie Integrität besitzen und vor allem, wie Entschuldigen geht! Worauf es ankommt, ist, dass Sie mit Ihrem Kind über die Vorfälle sprechen, Sie können deutlich machen, dass dies sicher nicht das Verhalten ist, das Sie im Umgang mit Ihrem Nachwuchs gerne an den Tag legen möchten, und dass Sie unbedingt lernen wollen, sich selbst besser zu regulieren und sorgsam mit sich selbst wie Ihrem Kind umzugehen. Eine ernst gemeinte Entschuldigung gibt Ihrem Kind wieder die Würde zurück, auf die es laut Gesetz ein Anrecht hat. Das ist der neue Maßstab, der für alle Kinder gelten sollte.

Wutausbrüche oder sonstige Beschämungen, Erpressungen und Anschuldigungen können und sollten innerhalb der Familie klar und konsequent besprochen werden. Generell gilt: Je offener über Probleme geredet wird, umso geringer ist die Belastung für die Kinder, auch wenn es für Sie als Eltern möglicherweise unangenehm ist, über Ihre eigenen Fehler zu sprechen. Gehen Sie hier mit gutem Vorbild voran. Zeigen Sie, wie es geht, für etwas geradezustehen, das man falsch gemacht hat. Sie erwarten von Ihrem Kind ja ebenfalls, dass es lernt, seine Gefühle zu regulieren und Verantwortung für sein Handeln zu übernehmen. Schrecken Sie vor allem nicht zurück vor dem nicht einfachen Erkundungsweg, herauszufinden, wo die wahren Wurzeln und Gründe Ihrer eigenen Reaktionen liegen.

Gewalt, egal in welcher Form, ist häufig Ausdruck von Überforderung und tiefer Wunden aus der Kindheit. Wenn Sie in sich hineinfühlen und den Spuren Ihrer eventuellen eigenen Gewalterfahrungen folgen, finden Sie meistens auch die Ursache Ihres eigenen Handelns und können mit der für Sie selbst wie für den Umgang mit Ihren Kindern so wichtigen Aufarbeitung beginnen. Die eigenen emotionalen Wunden zu erkennen und zu heilen, kann auch für uns Erwachsene eine große Herausforderung darstellen. Es ist keine Schande, sich im Rahmen dieses Aufarbeitungsprozesses fachkundige Hilfe zu suchen, etwa durch Therapeuten, Coaches oder Familienberatungsstellen. Nicht nur Kinder haben Rechte, sondern auch Sie als Eltern und Erziehungsberechtigte haben jedes Recht auf Unterstützung von außen.

Im Anhang dieses Buches finden Sie Kontaktdaten von Organisationen, die Ihnen im Bedarfsfall effizient und professionell zur Seite stehen. Sehen Sie einen solchen Schritt nicht als Schwäche, ganz im Gegenteil! Wer in schwierigen Situationen Hilfe sucht, zeigt große Stärke und ist zugleich seinen Kindern ein echtes Vorbild.

Jeder von uns kommt früher oder später in Situationen, in denen es alleine nicht mehr weitergeht. Entscheidend ist, dies rechtzeitig zu bemerken und zu beschließen, sich Hilfe zu organisieren. Das ist eine notwendige Kompetenz, nicht nur für uns Erwachsene, sondern auch für den Lebensweg unserer Kinder.

Vergessen Sie nicht, Kinder haben ein Recht auf Eltern, und im Idealfall sind es zufriedene Eltern, die sich selbst und ihre inneren Abläufe gut kennen und in Verbindung mit sich selbst sind. Das macht sie offen und aufnahmefähig für die Signale und Bedürfnisse ihrer Kinder. Genau diese Signale nämlich können bedeutungsvoll sein, um eventuelle Not bei Kindern rechtzeitig zu erkennen und entsprechend zu handeln. Näheres dazu sehen wir uns im nächsten Kapitel an.

KAPITEL 5

Bauchschmerzen, Beißen und Wutanfälle – Signale der Kinder erkennen

Informierte Eltern sind der beste Schutz vor seelischer Gewalt gegenüber Kindern.

Bereits auf jahrtausendealten Tontafeln der Sumerer und Babylonier finden sich Beschwerden über die Jugend. Sie sei »verdorben, böse, gottlos und faul«,[84] heißt es da, mit ihr sei nichts anzufangen und sie führe die Gesellschaft direkt in den Ruin. Eine Klage, so alt wie die Welt. Auch in der Gegenwart sind diese Aussagen und Wehklagen überall zu vernehmen. Erst hieß es über die sogenannten Millennials,[85] also jene, die von den frühen 1980er- bis in die späten 1990er-Jahre geboren wurden, sie seien selbstbezogen und kaum in Unternehmen integrierbar. Nun sagt man über die Generation Z,[86] sie sei besessen von ihren Handys und sonstigen virtuellen Spielwiesen und befinde sich in beständiger Opposition zu den sogenannten Boomern, und so geht es weiter und weiter. Jede Generation hat scheinbar an den Kindern der nachfolgenden Generation etwas auszusetzen und zu bemängeln. Grundsätzlich gibt es meines Erachtens auch heute noch zu viele Generalisierungen, wie Kinder zu sein hätten und was sie tun oder lassen sollten.

Für Kinder und das, was sie begeistert und interessiert, seien es Computerspiele oder Zeichentrickserien, haben Erwachsene oft nur

Geringschätzung übrig, ebenso für ihre fantasievollen Spiele und kreativen Erfindungen. Viel zu schnell heißt es, ein Kind lüge sich etwas zusammen oder beschäftige sich mit den falschen Dingen. Dieses »Falsch« aus Elternmund wird von Kindern und Jugendlichen häufig übersetzt in ein »Ich BIN falsch«, ohne dass es den erziehenden Erwachsenen überhaupt bewusst ist. Und in diesem »Ich bin falsch« steckt bereits ein gewaltvoller Ansatz, er ist die Wurzel aller Selbstzweifel und vieler psychischer Probleme im Kinder- und Erwachsenenalter. Mir ist wichtig, diesen Zusammenhang aufzuzeigen, weil emotionale und psychische Gewalt nicht erst dort beginnt, wo ein Kind angeschrien, beschimpft und beschämt wird, sondern schon sehr viel früher, bei der unausgesprochenen oder auch deutlich formulierten Ablehnung dessen, was das Kind gerne macht und was es ausmacht.

Wenn Verständnis fehlt

Ganz egal, ob es um das Verhalten, die Wünsche oder Vorlieben von Kindern geht – sie sind Erwachsenen oft suspekt. Auch den eigenen Kindern begegnen Eltern zuweilen mit einer bemerkenswerten Portion Misstrauen. Manche Eltern haben an ihren Kindern ständig etwas auszusetzen, fast, als bestünde von Geburt an eine natürliche Gegnerschaft zwischen diesen dauerkritischen Eltern und ihrem Kind. Woher kommt diese Haltung? Und steht sie nicht in eklatantem Widerspruch zu der allgegenwärtig erklärten Liebe zwischen Eltern und Kindern, dem familiären Band, dem dicken Blut der Familie und dem Zuhause, das immer wieder als Rückzugsort und Hort von Vertrauen, Zugehörigkeit und Akzeptanz beschworen wird?

Die Unsicherheit vieler Eltern beginnt schon sehr früh. Sie überwachen und kontrollieren, sie unterstellen und prüfen, ganz so, als trauten sie ihren Kindern bereits im Kindergartenalter das Allerschlimmste zu. Mich verwundert dieses Verhalten immer wieder, drückt es doch zweierlei aus: Zum einen weist es auf eine erstaunlich brüchige Beziehung zwischen Eltern und Kind hin, in der offensichtlich jederzeit damit gerechnet werden muss, dass sich das Kind durch Lügen und Tricksereien widersetzt. Zum anderen wird deutlich, dass die angewendeten Erziehungsmethoden nicht die gewünschte Wirksamkeit zeigen. Vertrauen Eltern vielleicht weder sich selbst noch ihren eigenen Methoden, und überprüfen sie diese, indem sie ihre Kinder kontrollieren?

Zwar versichern gerade viele Eltern ihren Kindern unablässig, dass sie sie bedingungslos lieben und sie in allem unterstützen. Doch genügt oft schon die kleinste Abweichung im gewünschten Verhalten eines Kindes, um mit Liebesentzug zu reagieren. »Wenn du so bist, habe ich dich nicht mehr lieb«, ist dann die Botschaft. Auch nonverbal drückt sich das Gesagte in der Folge durch diverse subtile oder auch weniger subtile strafende Verhaltensweisen aus, wie dem Kind die versprochene Gute-Nacht-Geschichte nicht mehr vorzulesen, weil es zu lange gebraucht hat, um seinen Schlafanzug anzuziehen. Was Eltern dabei nur kaum bedenken: Möglicherweise ist dieses Trödeln ein Ausdruck des innigen Bedürfnisses des Kindes, ein wenig länger zu spielen, zu kuscheln oder schlicht noch ein bisschen Zuwendung von dem Menschen zu bekommen, den man den Tag über vielleicht so sehr vermisst hat.

Vor allem die nonverbalen Signale von Kindern werden oft übersehen, weil Erwachsene meinen, alles besser zu wissen, und ihnen nicht vertrauen. Ich behaupte: Gerade diese Unfähigkeit der Erwachsenen, Botschaften zu lesen, ist die Ursache dafür, dass sie Hilferufe und Warnsignale ihrer Kinder leicht falsch verstehen und als Aufsässigkeit, Renitenz oder gar tyrannisches Verhalten interpretieren. Dadurch beginnt in der Folge ein toxischer Kreislauf seelischer Gewalt, aus dem es für Erwachsene und Kinder oft keinen Ausweg gibt und alle Beteiligten leiden, weil sie einfach nicht wissen, wie sie aus diesen Teufelskreisen herauskommen. Emotionale und psychische Gewalt sind dabei nicht auf die Eltern beschränkt. Auch Erzieher, Verwandte, Lehrer und Trainer können wissentlich und unwissentlich seelische Gewalt ausüben und Kindern massiv schaden. Schon für uns Erwachsene ist es oft schwierig, emotionale Gewalt zu erkennen und zu benennen. Für Kinder ist es unmöglich. Deshalb ist umso entscheidender, dass Eltern und andere den Kindern vertraute Personen achtsam und aufmerksam auf mögliche Verhaltensänderungen der Kinder achten und diese nicht als Böswilligkeit interpretieren, sondern im Zweifelsfall immer als Hilferuf! Im Folgenden finden Sie Beispiele, mit denen Sie kindliches Verhalten besser deuten und zu einem besseren Verständnis kommen können.

Zeichen seelischer Gewalt – Kinder »sprechen« durch ihr Verhalten

Kinder zeigen ihre Gefühle normalerweise direkt und unverstellt.[87] Erst negative Erfahrungen bringen sie dazu, jene Empfindungen zu verstecken, die, wie sie wissen oder glauben, unerwünscht sind. Das äußert sich dann über andere Symptome und Verhaltensweisen. Ein besonders häufiges Symptom sind Bauchschmerzen, speziell, wenn diese regelmäßig morgens auftreten, wenn das Kind in die Kita oder in die Schule muss. Wir Erwachsene kennen dieses Phänomen nur allzu gut. Wir sagen nicht von ungefähr im übertragenen Sinn, etwas »bereitet uns Bauchschmerzen«, wenn wir in einer Situation starkes Unbehagen oder gar Widerwillen empfinden. Genauso ergeht es auch schon Kindern. Die Bauchschmerzen drücken ihren Widerstand gegen eine Situation aus, mit der sie nicht zurechtkommen und der sie sich ausgeliefert fühlen. Deshalb sollten wiederkehrende Bauchschmerzen als Warnsignal unbedingt ernst genommen werden! Achten Sie als Eltern daher immer darauf, wann und in welchem Zusammenhang Kopf-, Bauch oder andere Schmerzen sich bei Ihren Kindern zeigen[88], und bitte, nehmen Sie Kinder ernst, denn Kinder sprechen auch von Bauchschmerzen, wenn sie sagen wollen, dass es ihnen psychisch nicht gut geht. Sie übertragen seelischen Schmerz auf den Körper – Sie kennen sicher den Begriff Psychosomatik.

Wenn Kinder Geschichten erfinden, was Erwachsene vorschnell als Lüge verurteilen, ist das ebenfalls ein Warnsignal. Kinder maskieren auf diese Weise bestimmte Empfindungen, etwa Scham. Sie denken sich Geschichten aus, die sie bestimmte Erlebnisse besser aushalten lassen. Ich erinnere mich an eine Beratungssituation, in der eine Mutter mich um Rat fragte. Sie erzählte von ihrer sechsjährigen Tochter Lisa, die in der Schule Lügengeschichten erzählt. Das Mädchen berichtete von zwei Autounfällen, die es erlebt habe, von der Geburt seines Bruders, bei der es dabei war, und von einem Hund, den sich die Familie angeschafft habe. Die Klassenlehrerin des Mädchens schien das alles nicht zu glauben und wandte sich an die Mutter. Es stimmte – nichts davon entsprach dem wirklichen Erleben des Kindes. Nach einiger Reflexion mit der Mutter stellte sich heraus, dass ihre Tochter oft unglücklich war, weil sie von ihrem Vater regelmäßig wegen ihres Aussehens geneckt wurde. Er nannte sie Minimaus, weil sie so klein und zierlich war. Wie sich in einem Gespräch mit Lisa herausstellte, waren das keine liebevollen Neckereien für sie, sie empfand das Verhalten ihres Vaters als immer wiederkehrende Demütigung, litt unter seinem sehr eigenwilligen Humor und wollte sich mit ihren Geschichten Gehör verschaffen und größer machen.

Deshalb sollten Eltern unbedingt hinhören und zuhören, wenn Kinder »Geschichten erzählen«, und sie nicht dafür bestrafen. Wofür schämt sich das Kind möglicherweise? Auch Phänomene wie ein angespannter Muskeltonus, mangelndes Selbstvertrauen, aggressives Verhalten, Einkoten, Haare ausreißen, Fingernägel kauen, kratzen, Ablehnen von Zärtlichkeiten, anhaltende Traurigkeit, Ängste oder das strikte, vielleicht sogar zwanghafte Einfordern bestimmter Rituale sind immer Zeichen dafür, dass ein Kind das Gefühl hat, etwas in seinem Leben sei außer Kontrolle geraten.[89] Weitere Anzeichen für ein schwieriges Erleben können Rückzug, Stimmungslabilität, Wortkargheit, Konzentrationsstörungen, Schulleistungsabfall, aber auch, je nach Alter und Umständen, Aggressionen wie Beißen, Schlagen, Gegenstände zerstören und heftige Wutanfälle sein.

Je kleiner Kinder sind, umso schlechter können sie ihre Gefühle einordnen und ausdrücken. Ein deutliches Warnsignal ist immer, wenn ein Kind aufhört zu spielen, sich nicht mehr kreativ oder entdeckerisch betätigt oder wenn es große Schüchternheit und Ängste zeigt, die sich zum Beispiel auch durch Albträume und Bettnässen äußern können. In extrem belastenden Situationen kann es vorkommen, dass Kinder sogar aufhören zu sprechen oder zu stottern beginnen.

Eine scharfe Grenze zu ziehen, wann auffälliges Verhalten beginnt, ist nicht so leicht möglich, da Kinder Individuen sind. Entscheidend ist, wann und wie sehr sich das Verhalten von dem bisher bekannten Verhalten unterscheidet und ob sich dies mit einem normalen Entwicklungsverlauf in Einklang bringen lässt. Letztlich bleibt es zunächst dem Gefühl der Eltern und Pädagogen überlassen, ab wann »etwas nicht mehr in Ordnung ist«. Dabei gilt: Je früher wahrgenommen wird, dass es dem Kind nicht gut geht, umso früher kann gegengesteuert werden.

Die helfende Hand – aus meinem Beratungsalltag

In einem meiner am meisten nachgefragten Inhouse-Seminare der vergangenen zehn Jahre geht es um Entwicklungsverläufe. Das Seminar hat den Titel »Was muss ein Kind wann können?« Dieses Seminar sehe ich ganz besonders als helfende Hand, denn in diesen intensiven acht Stunden ist es mir bisher immer gelungen, Vertrauen in Kinder und Gelassenheit für Erwachsene zu säen. Vermutlich erahnen Sie das Fazit eines solchen Tages – es lautet: Es gibt keine pauschalen Antworten, denn Entwicklung ist ein höchst individueller Vorgang.

Manche Kinder laufen mit acht Monaten, manche mit zwei Jahren. Manche Kinder lesen mit vier Jahren, manche mit acht. Manche Kinder mögen nur die roten Gummibärchen, manche mögen keine. Ich plädiere dafür, dass wir Kindern viel mehr Zeit geben und sie weniger vergleichen, und dafür, dass wir auch uns mehr Zeit geben und uns weniger vergleichen. Wir sind die Vorbilder.

Externe Erziehungs-Zurufe ignorieren – Ihr Kind geht vor

Es gibt wenige Bereiche, in denen es so von Experten wimmelt, wie in dem der Entwicklung und Erziehung. Manchmal denke ich, es scheint auszureichen, selbst einmal Kind gewesen zu sein, um Tipps, um die keiner gebeten hat, großzügig in die Welt zu entlassen. Diese Form von Einmischung, die oft nur wenig unterstützend ist, löst bei Eltern und sogar bei Fachkräften meist starke Gefühle aus und macht sie wütend, vor allem dann, wenn sich diese wohlmeinenden Pseudoexperten in ohnehin schon herausfordernden Situationen einbringen. Es gibt Tage, da genügen schon bestimmte Blicke von Fremden, damit Mütter und Väter sich vollkommen verunsichert fühlen. Aber auch Großeltern, Verwandte, Freunde und Nachbarn haben vermeintlich gute Ratschläge immer wieder schnell zur Hand, wenn Kinder sich nicht so verhalten, wie sie sich in ihren Augen verhalten sollten, wenn Kinder nicht so sind, wie sie sie gerne hätten. Ganze Fernsehformate drehen sich nur darum, Eltern zu beurteilen und vor allem auch genussvoll zu verurteilen.

Wir sollten uns aus diesem Diskurs von Misstrauen, Projektion, falschen Erwartungen an das Kind, Scham und Wut verabschieden.

Wenn wir liebevoll mit uns selbst sprechen, können wir uns zutrauen, dass uns gute Kommunikation auch mit unseren Kindern gelingt und wir ihnen gegenüber authentisch, offen und emotional zugewandt sind. Kinder sind sehr sensibel für das, was man in der Psychologie Doublebind nennt, nämlich Doppelbotschaften. Das Gesagte steht dann nicht im Einklang mit dem, was wirklich gefühlt und ausgedrückt wird. Hört ein Kind »Das hast du ja super gemacht!«, sieht aber eine gerunzelte Stirn und einen abschätzigen Blick dazu, verwirrt und irritiert das. Kinder wissen dann nicht, welche Botschaft die echte ist und wie sie sich weiter verhalten sollen. Oft reagieren sie dann unsicher, trotzig oder mit Rückzug, ein Verhalten, das die Eltern wiederum nicht verstehen und das in der Folge abermals zur Quelle neuer Konflikte wird.

Falls Sie als Elternteil immer wieder unter Zurufen in Sachen Erziehung zu leiden haben, steigen Sie aus diesem Kreislauf aus! Konzentrieren Sie sich voll auf Ihr Kind, auch und gerade dann, wenn es Sie herausfordert und an Ihre Grenzen bringt. Was andere Leute, egal ob Fremde im Supermarkt oder Familienmitglieder, über Sie und Ihr Kind denken, darf Ihnen herzlich egal sein. Ihr Kind ist einfach wichtiger als all die klugen Menschen, die immer alles besser wissen – letztlich aber durch ihr Verhalten zeigen, dass sie zu den Ewiggestrigen gehören.

Sie werden Ihren Verdacht bestätigt finden, dass das, was die Gesellschaft immer noch als gute Erziehung einfordert, nichts anderes als Gewalt an Kindern ist. Aus diesem Hamsterrad der vermeintlich guten alten Erziehung gilt es schleunigst auszusteigen.

Unsere Kinder brauchen Hilfe

Die Corona-Pandemie hat vieles, was in unserer Gesellschaft im Zusammenhang mit Kindern im Argen liegt, wie unter einem Brennglas noch sehr viel deutlicher gemacht. Während Konzerne binnen Tagen mit Milliarden gerettet wurden, sind Kinder auch im zweiten Corona-Jahr ohne Luftfilter und tragfähige Bildungskonzepte in eine ungewisse Zukunft gestartet. Die Zahl psychischer Probleme bei Kindern und Jugendlichen hat im Laufe der Pandemie so stark zugenommen, dass die Kinder- und Jugendpsychiatrien überfüllt waren.[90]

Diese Entwicklung hat nicht erst mit dem Auftritt der Corona-Pandemie begonnen. Die Anzahl von Diagnosen wie ADHS, Wahrnehmungsstörungen, Autismus, Depressionen, Angststörungen und anderen psychischen Erkrankungen bei Kindern nahm auch schon vor Corona jedes Jahr enorm zu. Hinzu kommen psychosomatische Beschwerden wie Kopfschmerzen, Bauchschmerzen, Schlafstörungen, Allergien, Hautausschläge, aber auch Verhaltensweisen wie Mobbing, Magersucht, Selbstverletzung, Komasaufen, Drogenmissbrauch, der frühe Kontakt mit Pornografie, gewaltvolle Videospiele,

Gewaltexzesse, Straftaten wie Körperverletzung, Diebstahl oder Sachbeschädigung. Alle diese Zahlen sind seit Jahren kontinuierlich im Steigen begriffen![91]

Wir diagnostizieren, behandeln und therapieren Kinder ohne Ende, doch wir fragen viel zu selten, was eigentlich mit den Eltern, Pädagogen und ihren Erziehungsmethoden nicht stimmt, die nach meiner Erfahrung zu den Problemen, die Kinder haben, beitragen. Es muss einfach Gründe haben, wenn einer aktuellen Studie zufolge 16,9 Prozent aller jungen Menschen zwischen drei und 17 Jahren unter psychischen Problemen leiden.[92] Diese Zahlen haben sich unter Corona stark erhöht, ohne dass wir als Gesellschaft im zweiten Jahr der Pandemie auch nur eine Debatte darüber führen, wie wir den betroffenen Kindern und Jugendlichen helfen können. Stattdessen wird Nachhilfe in den Sommerferien angeboten, was ich nur als Gedankenlosigkeit und Ignoranz gegenüber kindlichen Bedürfnissen einordnen kann. Festzuhalten bleibt, dass der Leistungsdruck, der auf Kinder ausgeübt wird, nicht nur innerhalb der Schule stetig wächst. Kinder sollen jederzeit und allüberall funktionieren, gehorchen, repräsentieren und ihre Eltern möglichst gut dastehen lassen. Das ist heute nicht anders als vor hundert Jahren, auch wenn sich die Werte und die Ansprüche an das Leben ein wenig geändert haben mögen.

Wie genau schauen wir als Gesellschaft eigentlich hin und fragen uns ernsthaft und unter Einbeziehung aller, auch finanzieller und institutioneller Konsequenzen, was Kinder fühlen – und was sie wirklich brauchen?

Was Kinder fühlen

Zunächst einmal lieben Kinder, und zwar bedingungslos. In dieser Hinsicht können wir noch eine Menge von ihnen lernen. Sie lieben sogar Eltern, die sie (körperlich) misshandeln. Sie lieben Teddybären und Spielkameraden, sie lieben Geschwister. Sie sind in der Lage, sich in andere Menschen und ihre Bedürfnisse hineinzuversetzen, und das schon in einem frühen Alter. Zu lieben ist ein urkindliches Bedürfnis, das eng mit dem Bedürfnis nach Bindung einhergeht. Wer liebt, möchte geliebt und am besten zurückgeliebt werden, doch Kinder lieben auch, wenn das nicht der Fall ist. Das ist eine ebenso tragische wie berührende Wahrheit. Aus der Liebe, die Kinder empfinden, leiten sich weitere Gefühle ab. Erstaunlich ist hier vor allem das Gefühl der Verantwortlichkeit. Wenn Eltern sich trennen oder ihnen etwas Schlimmes geschieht, fühlen sich Kinder oft unerwartet schnell schuldig. Sie halten sich für den Auslöser des Leids, ohne ihren Eltern diese Gedankengänge mitzuteilen. Es ist von immenser Bedeutung, dass Eltern diese möglichen Handlungsmuster ihrer Kinder im Hinterkopf behalten, wenn sie selbst in ein krisenhaftes Erleben wie eine Trennung, den Verlust ihres Arbeitsplatzes oder eine schwere Krankheit hineingeraten. Je transparenter mit Kindern darüber gesprochen wird, was gerade geschieht und warum sie nicht schuld sind, umso mehr werden sie entlastet.[93] Falsch wäre es, mit Kindern gar nicht über belastende Ereignisse zu sprechen, um sie zu schonen, denn dann werden sie in der Erklärung dieser Ereignisse sich selbst überlassen und geraten schnell in die Schuldfalle. »Du bist nicht schuld!« ist ein liebevoller und machtvoller Satz, den Eltern gar nicht oft genug aussprechen können.

Ebenso wichtig ist, nicht wissentlich und absichtlich Schuldgefühle bei Kindern auszulösen oder gar als Erziehungsmittel einzusetzen: wie etwa, dass die Sonne nicht mehr scheint, wenn der Teller nicht leer gegessen wird, oder auch drohende Formulierungen wie »Der Mama geht es jetzt schlecht, weil du nicht brav warst.« Kinder nehmen sich diese Aussagen garantiert zu Herzen, sie können sie über Tage und Wochen hinweg belasten. Überaus wichtig im Zusammenhang mit eventuellen Schuldgefühlen ist zudem, Kindern keine Verantwortung aufzubürden, die sie nicht tragen können. Sie brauchen die Sicherheit, dass ihre Eltern die volle Verantwortung für alle Entscheidungen tragen, etwa, wo der nächste Urlaub verbracht wird oder ob man umziehen möchte. Der Gedanke, Kinder mit in solche Entscheidungen einzubinden, ist löblich, doch die Verantwortung für die Folgen muss immer bei den Erwachsenen liegen. Nie darf daraus die unterschwellige oder direkte Schlussfolgerung entstehen: »Du bist schuld, weil du das so gewollt hast.« Eltern können sich oft nicht vorstellen, wie schwer eine solche Schuld auf Kinderschultern liegt.

Kinder empfinden auch Gefühle, die Erwachsene zunächst gar nicht bei ihnen vermuten. Sie haben eine ausgezeichnete Wahrnehmung für ihre eigene Identität und ihre Zugehörigkeit. »Hier gehöre ich hin, und da komme ich her« ist für sie von besonderer Bedeutung. Sie fühlen sich ihrer Familie wie auch ihren Freunden gegenüber loyal. Auch Stolz und Selbstwert spielen für Kinder eine große Rolle. Deshalb ist es so entscheidend, dass Eltern zum einen gute Vorbilder für Selbstachtung und Zugehörigkeit sind und zum anderen das Kind an diesem Punkt nie angreifen, demütigen oder verletzen. »Du gehörst nicht mehr zu uns«, »Du bist nicht wie wir« oder »Auf dich kann man nicht stolz sein« sind harte Worte, die diese Gefühle tief und nachhaltig verletzen und im schlimmsten Fall ein Leben lang in einer Seele nachwirken.

Auch Scham ist je nach Alter ein starkes Gefühl, das sich unterschiedlich ausdrücken kann. Viele Eltern, Erzieher und Pädagogen benutzen Beschämen bewusst als Mittel der Erziehung, indem sie Kinder gnadenlos bloßstellen. Sie halten das für ein »sanftes« Mittel der Zurechtweisung, doch das genaue Gegenteil ist der Fall. Wer beschämt wird, schlimmstenfalls noch vor Publikum, wird oft in seiner Identität beschädigt, zieht sich in ein Schneckenhaus zurück und wird misstrauisch. Ein beschämtes Kind wird Schutzmauern um sich herum aufbauen, um nicht noch einmal einer solch peinlichen Situation ausgesetzt zu sein, es wird Geheimnisse hüten und sich von anderen Menschen abschotten, statt mutig auf diese zuzugehen. Es wird den Eindruck haben, dass es Anteile hat, die es besser vor anderen verbergen sollte. In meinem Berufsalltag bin ich oft in Kitas und coache Teams. Dabei beobachte ich immer wieder Situationen, die mich erschrecken. Ich weiß nicht mehr, wie häufig ich schon erlebt habe, dass Kinder, die eingenässt haben, vor allen anderen Kindern und Erwachsenen bloßgestellt und beschämt wurden. Aussagen wie »Das darf ja wohl nicht wahr sein! Hast du schon wieder in die Hose gemacht! Schäm dich – und du willst ein Vorschulkind sein! Jetzt muss ich dir wohl auch noch beim Umziehen helfen!« Sie können sich sicher gut vorstellen, wie sich das anfühlen muss und wie sehr sich Kinder grämen und schämen.

Scham ist ein sehr mächtiges Gefühl, das unser Fühlen und Handeln, vor allem aber unser Selbstbild nachhaltig und zum Negativen beeinflussen kann.

Kindliche Gefühle wie Wut erkennen und angemessen reagieren

Wut, Zorn, Trotz und Aggression sind Gefühle, auf die Eltern und Pädagogen oft mit Alarmbereitschaft reagieren. Zeigen Kinder diese Gefühle, reagieren manche Erwachsene mit Druck in Form von Zurechtweisung, Strafe oder sogar körperlicher Aggression, damit Kinder lernen, solch »unbeliebte« Empfindungen möglichst zu unterdrücken. Viele Erwachsene halten diese starken Gefühle weder bei sich noch bei Kindern aus und wollen Kinder aus diesem Grund möglichst schnell davon befreien. Sie lenken Kinder ab, erfüllen ihnen alle Wünsche, nur damit Kinder sich möglichst schnell wieder beruhigen und glücklich sind. Gelingen alle eingesetzten Strategien nicht, wird das Verhalten von Kindern schnell pathologisiert: Mit dem Kind stimmt doch etwas nicht! Dabei sind Wut, Zorn und sogar Aggression durchaus gesund, auch wenn die erziehenden Personen das selten wissen oder nur schwer akzeptieren können. Wut ist ein Ausdruck der Selbstbehauptung. »Ich will das nicht!«, sagt das Kind und setzt damit eine Grenze. Es sorgt für sich, wenn auch auf eine Art, die Erwachsenen oft nicht gefällt. Aus diesem Grund ist es so entscheidend, einen guten Umgang mit der kindlichen Wut zu finden, sie nicht zu dämonisieren, zu unterdrücken oder zu pathologisieren. Damit verschwindet die Wut nicht, sie sucht sich nur neue, möglicherweise toxische Kanäle, in denen sie wieder zum Vorschein kommt. Verdrängte Wut ist giftige Wut, sie quält, verletzt, erstickt. Und zerstört! Daher ist es so elementar, einen achtsamen Umgang mit der kindlichen wie auch mit der eigenen Wut zu finden, indem man sich selbst erlaubt, wütend zu sein. Dann erst kann man lernen, mit Wut umzugehen und Aggressionen zu steuern.

Kinder beobachten das Verhalten anderer, vornehmlich Erwachsener, und ahmen dieses Verhalten nach. Sie erlernen auf diese Weise Strategien, um alltägliche Probleme zu lösen, vom Öffnen einer Flasche bis zum Umgang mit komplexen Gefühlslagen. Dieses Lernen geschieht nicht bewusst, sondern ist ein universaler, menschlicher Vorgang, der keiner willentlichen Anstrengung bedarf. Zusätzlich gibt es Prozesse der Ko- und Fremdregulierung in menschlichen Interaktionen, die schon bei sehr kleinen Kindern zu beobachten sind. Wenn diese miteinander spielen, beeinflussen ihre Handlungen und Gefühle sich gegenseitig. Sie können sich aufschaukeln und auch wieder beruhigen, Kinder weinen miteinander und sie lachen miteinander. Wird ein bestimmtes Level der Erregung erreicht, kann es zu einer Koregulierung, also einer Regulierung von außen, etwa durch einen Erwachsenen kommen, der dieses Aufschaukeln durch empathisches Eingreifen stoppt.[94] Gleichzeitig nimmt das den Kindern die Möglichkeit, Selbstwirksamkeit durch Selbstregulation zu lernen. Ein Rezept, wann Eltern und Fachkräfte eingreifen sollten, gibt es nicht. Wut und Aggression sind so individuell wie das Kind, das sie erlebt. Das sind immer Einzelfallentscheidungen. Wütend zu sein, ist zunächst einmal vollkommen legitim. Das ist ein wichtiger Aspekt im Umgang mit Wut!

Statt Kinder für ihre Wut zu bestrafen oder zu beschämen, können Erwachsene ihnen zeigen, wie man mit Wut besser umgeht: etwa, indem man gemeinsam einige Male tief ein- und ausatmet, seine Gliedmaßen ausschüttelt, tanzt und springt oder einfach die Wut hinaus in die Welt schreit. Es geht darum, den Kindern zu zeigen, wie sie starke Gefühle kanalisieren können, damit sie in ihrer Wut möglichst keine Dinge zerstören, sich selbst wehtun oder andere Menschen und Tiere aus Versehen verletzen.

Kindliche Wut kann für Erwachsene eine riesige Herausforderung darstellen. Nicht selten triggern sie eigene Wuterlebnisse und alte Verletzungen. Sie macht hilflos und dadurch wiederum erneut wütend, weil Hilflosigkeit Stress erzeugt und durch Stress Wut entstehen kann. Hilfreich ist, sich auch hier wieder vor Augen zu führen, dass das kindliche Gehirn nun einmal anders funktioniert als das erwachsene. Der kognitive Teil des Gehirns, das sogenannte Denkhirn, entwickelt sich sukzessive, sodass starke Gefühle sehr viel ungebremster auftreten und die Kontrolle übernehmen. Das ist der Grund, weshalb Kinder in ihrem Wutanfall mit Worten kaum noch zu erreichen sind.[95] Ein Kind kann sich dieser Wut vollkommen ausgeliefert fühlen, es wird davon regelrecht überschwemmt und braucht Hilfe, um diese Sturmsituation wieder verlassen zu können. Deshalb ist es umso wichtiger, einem Kind zu sagen, dass es *immer* geliebt wird und dass jedes Gefühl eine Existenzberechtigung hat. Ablehnung, Zurückweisung, Strafe und Schimpfen verstärken negative Gefühle noch und können diese auch nach dem Abklingen des Wutsturms lange am Leben erhalten.

Bitte sprechen Sie in einer solchen Situation niemals »von oben herab« mit Ihrem wütenden Kind, um es nicht mit der eigenen Körpersprache zusätzlich kleinzumachen. Gehen Sie in die Hocke, auf Augenhöhe, um auf diese Weise auch körperlich Zugewandtheit auszudrücken. Die Botschaft, die Sie transportieren sollten, lautet: Du bist mit und in deiner Wut nicht allein!

Damit es vielleicht gar nicht erst zu einem Wutanfall kommt, ist es sinnvoll, sich nach möglichen Stressoren umzuschauen. Wir kennen das von uns selbst: Wenn es im Umfeld laut, eng, heiß, unangenehm ist, dann steigt der Stress, und wir werden reizbar. Kinder reagieren darauf oft mit Wut, nur haben sie viel weniger Möglichkeiten, diese negativen Gefühle selbst wieder zu regulieren. Stressoren in der Umgebung zu vermeiden, ist nicht immer möglich, doch es lohnt sich, den Fokus darauf zu richten, sich nicht ständig in reizüberflutenden Umgebungen zu bewegen, sondern für Ausgleich und Rückzugsorte zu sorgen. Oft ist den Kindern selbst gar nicht bewusst, was sie überfordert und stresst – der laute Fernseher, die spielenden Geschwister, die klackernde Heizung –, und sie können es auch auf elterliche Nachfragen meist nicht ausdrücken. Und stellen Sie sich jetzt den Alltag in einer Kita vor – es ist laut, es ist voll, Ihr Kind muss den ganzen Tag kooperieren und das Programm möglichst klaglos absolvieren. Wenn Sie Ihr Kind am Nachmittag abholen, sind Sie müde, weil Ihr Tag anstrengend war, und Ihr Kind ist es, weil sein Tag auch anstrengend war. Das sind dann die Situationen, in denen ein zerbrochener Keks eine schwere Krise auslösen kann. Wenn Ihr weinendes Kind lautstark »Ich will einen großen Keks« kommuniziert, ist das dann das Synonym für »Ich kann nicht mehr!« Nun liegt es an Ihnen, mit dieser Situation umzugehen. Je nach Tagesform werden Sie gelassen, ungeduldig oder auch wütend reagieren – einfach, weil auch Sie ein Mensch mitten in einem Lernprozess sind.

Schwierige Themen mit Kindern auf Augenhöhe besprechen

Wenn Erwachsene mit Kindern über schwierige Themen wie Konflikte, Trennungen, Angst, Corona, Krieg oder Rassismus sprechen, egal, ob als Pädagogen oder als Eltern, ist es wichtig, sowohl körperlich als auch sprachlich Augenhöhe zu suchen. Ebenso entscheidend ist, ehrlich und wahrhaftig zu sein und nicht zu versuchen, die eigentliche Botschaft zu verschleiern, selbst wenn das in der Absicht geschieht, das Kind zu beschützen. Kinder spüren Unaufrichtigkeiten sofort und interpretieren sie möglicherweise falsch.

Ein weiterer wichtiger Aspekt ist das Zuhören und Verstehen. Wischen Sie die Gefühle und Reaktionen von Kindern auf das Gesagte niemals weg, sondern nehmen Sie sie ernst. Ermutigen Sie Ihre Kinder, suchen Sie gemeinsam nach Lösungen und bieten Sie Lösungen, vielleicht in Form von Koregulation an, wenn Sie spüren, Ihr Kind kommt nicht allein mit seinen Gefühlen zurecht.

Wenn Sie als Eltern und Pädagogen allerdings merken, dass Sie

Kinder nicht mehr erreichen, dann ist es an der Zeit für professionelle Hilfe. Es gibt jede Menge Elternberatungen, Coachings und psychotherapeutische Unterstützung. Ein möglicher Weg führt über den Kinderarzt, man kann sich aber auch direkt an eine Elternberatung oder einen Kinderpsychologen wenden. Diese arbeiten nach verschiedenen Konzepten, etwa systemisch, verhaltenstherapeutisch, analytisch, schematherapeutisch und natürlich lösungsorientiert. Auch Ergotherapie, Bewegungstherapie, Musik- oder Maltherapie sind Möglichkeiten, sich selbst zusammen mit Kindern erfolgreich durch emotionale Verwirrungen zu begleiten.

Bei allen diesen Lösungsansätzen ist entscheidend, Kinder nicht unter Druck zu setzen. Sobald ein Kind das Gefühl hat, eine Erwartung erfüllen zu müssen, wird es sich möglicherweise nicht öffnen, und dann ist die Wurzel des Problems nur schwer erkennbar. Oft hat ein Kind auch den Wunsch, Betreuungspersonen oder Familienangehörige zu schützen, keine Konflikte heraufzubeschwören, oder schämt sich sogar für bestehende Schwierigkeiten. Gefühle können einander überlagern oder verschiedene Gefühle werden gegeneinander ausgetauscht. Aus Scham wird Wut, aus Angst Eifersucht.[96] Es gibt im Falle von emotionalen kindlichen Verwirrungen keine schnellen und einfachen Lösungen. Ähnlich wie bei verknoteten Wollsträngen braucht es Fingerspitzengefühl und vor allem Geduld, um die Fäden zu entwirren und zu sortieren. Natürlich kann man in das verwirrte Wollknäuel auch einfach rigoros hineinschneiden. Dann sind die Verknotungen zwar beseitigt, aber es fehlt an jedem Ende ein nicht unerhebliches Stück Wollfaden. Und jetzt übertragen Sie dieses Bild des ungeduldigen Hineinschneidens bitte gedanklich auf die Entwirrung der emotionalen kindlichen Situation. Ich denke, dann wird glasklar, wie notwendig Behutsamkeit und Geduld im Umgang und in Gesprächen mit Kindern sind!

Für Stabilität sorgen

Wir Erwachsenen vergessen oft, wie angsteinflößend die Welt für Kinder sein kann. Ständig müssen sie sich völlig neuen Situationen und Herausforderungen stellen und sich mit Unbekanntem vertraut machen. Sie haben kaum oder nur wenig Erfahrungen im Umgang mit sich selbst und anderen Menschen, müssen sich aber dennoch hinaus in die Welt wagen. Was ihnen dabei hilft, ist ihre unbändige, kindliche Neugier und ihre große Freude am Entdecken. Damit überwinden sie ihre Ängste, jeden Tag und immer wieder. Das ist unendlich mutig!

Uns allen täte gut, sich diesen kindlichen Mut immer wieder ins Bewusstsein zu rufen. Wann haben Sie zuletzt etwas getan, wovor Sie Angst hatten oder das Sie noch nie zuvor getan haben? Dann erahnen Sie, wie sich Ihr Kind regelmäßig fühlt. Vertrauen und Selbstwertgefühl, das Wissen, richtig zu sein, sind wichtige Haltelinien auf dieser Reise in das Unbekannte. Sie geben Stabilität, wo der Boden wacklig ist und der nächste Schritt immer wieder ins Ungewisse führt.

Wenn althergebrachte Erziehungsmethoden genau diese psychischen Halteseile angreifen, kann das fatale Folgen haben. Diese Vorgehensweisen verunsichern Kinder und verstärken Ängste, sie hindern Kinder daran, sich selbst und die Welt zu entdecken und ein freier, starker und glücklicher Mensch zu werden, der sein ganzes Potenzial auf seiner Lebensreise ausschöpfen kann. Sie unterbinden, dass Kinder lernen können, gut für sich selbst zu sorgen.

Mal ehrlich: Wissen Sie, wie Sie gut für sich sorgen können – und wenn ja, tun Sie es? Das wäre genial, denn wer gut für sich selbst sorgt und achtsam mit sich und dem Leben umgeht, hat mehr Ressourcen frei, um empathisch auf die Gefühle von Kindern einzugehen. Dazu können bewusste Entspannungstechniken gehören, aber auch Zeit für Erholung und Entschleunigung.

Der Familienalltag ist meist anstrengend und kann viele Stressspitzen enthalten. Es ist wichtig, sich als Eltern das einzugestehen. Noch bedeutsamer ist, entspannenden Ausgleich zu schaffen. Nur dann ist genug Raum, für die Gefühle und Bedürfnisse der Kinder zu sorgen und auf sie einzugehen. Selbstfürsorge ist etwas, das gerade Mütter häufig aktiv lernen müssen. Das hat übrigens nichts mit Egoismus zu tun, sondern mit Verantwortung. Sie können nicht für andere da sein, wenn es ihnen selbst nicht gut geht, das ist nicht möglich. Das Verdrängen, Unterdrücken und permanente Beiseiteschieben ihrer eigenen Befindlichkeiten als Eltern und einfach immer weiter Funktionieren ist nicht das Gleiche wie Selbstfürsorge! Und mangelnde Selbstfürsorge ist oft das Ergebnis selbst erlebter Seelenprügel. Warum das so ist, sehen wir uns im nächsten Kapitel genauer an.

KAPITEL 6

Seelenprügel – Auswirkungen psychischer Gewalt

Seelenprügel oder körperliche Gewalt – für ein Kind macht das wenig Unterschied.

Zum Thema Kindererziehung, Entwicklung und Verhalten von Kindern finden sich unzählige Bücher, Blogs und Internetseiten von ebenso unzähligen Experten wie auch Laien. Diese variantenreichen Informationen wiederum bedienen alle möglichen nur denkbaren pädagogischen Richtungen. Von der Zähmung angeblich tyrannischer Kinder bis hin zu völlig freier Entfaltung ohne jeglichen Besuch von Kita und Schule findet jeder genau jene Lektüre, die seine bereits vorhandene Meinung weiter bekräftigt. Wir suchen uns gerne Bestätigung und Bestärkung, und wir nehmen durch diese oft bequeme selektive Wahrnehmung meist nur das wahr, was wir sehen wollen. Uns Menschen fällt es grundsätzlich schwer, neu zu denken und neu zu handeln, weil das unsere bisherige Sicht auf die Welt bedroht. Und weil wir zahlreiche Bedrohungen vermuten, wagen wir es nur selten, in neue Richtungen zu denken. Noch seltener sind wir bereit, jene Dinge näher zu betrachten, die uns nicht gefallen – und schon gar nicht, wenn es um Notsignale von Kindern geht.[97]

Aber wir dürfen die Hoffnung nicht aufgeben, denn die Akzeptanz gewaltvoller Erziehung, sowohl körperlicher als auch emotionaler, hat in den vergangenen 25 Jahren abgenommen. 2005 erklärten bei einer Erhebung noch rund 65,1 Prozent der Befragten, dass »Niederbrüllen« eine angemessene Bestrafung für ein Kind sei, 2016 waren davon nur noch 13,5 Prozent überzeugt.[98] Ich erachte das für eine sehr erfreuliche und längst überfällige Entwicklung, zeigt sie doch, dass in den Köpfen vieler Eltern und vor allem mit dem Heranwachsen einer neuen Elterngeneration ein Umdenken stattfindet, um Kinder zu schützen und damit auch die Welt zu verändern. Dennoch bleiben gerade im Zusammenhang mit psychischer und emotionaler Gewalt noch viel zu viele Unschärfen. Wir sollten uns daher alle intensiv mit diesen Fragen und vor allem den dazugehörigen Antworten auseinandersetzen: Wo kann emotionale Gewalt auftreten? Wie verbreitet ist sie? Wie erkennt man sie und welche möglicherweise lebenslangen Folgen haben diese tiefe Narben verursachenden Seelenprügel für Kinder? Manches davon ist in den vergangenen Kapiteln schon angeklungen, doch es lohnt sich ein genauerer Blick – vor allem auf die Traumatisierungen durch emotionale Gewalt und mögliche Auswirkungen auf Beziehungs- und Bindungsverhalten.

Der lange Schatten seelischer Gewalt

Im Jahr 1998 führte die amerikanische Gesundheitsbehörde erstmals eine der bisher größten Gesundheitsstudien mit über 17.000 Teilnehmern durch, die Adverse Childhood Experiences Study, kurz ACE-Studie genannt. Wissenschaftler untersuchten den Zusammenhang zwischen belastenden Kindheitserfahrungen und späteren Gesundheitsproblemen und fanden erschreckend deutliche Zusammenhänge.[99] Andreas Witt mit seinem Team von der Klinik für Kinder- und Jugendpsychiatrie/-Psychotherapie am Universitätsklinikum Ulm konnte 2019, rund zwanzig Jahre später, mit einer kleineren, aber ähnlich aufgebauten Studie die Ergebnisse bestätigen.[100] Als Erziehungswissenschaftlerin finde ich Analysen, die mehrere Studien zusammenfassen, besonders spannend, denn die Vorteile sogenannter Metaanalysen liegen in der erhöhten Präzision und Aussagekraft. So zeigte eine Metaanalyse aus 37 verschiedenen Studien,[101] dass emotionale Gewalt sehr weit verbreitet ist, denn rund 57 Prozent der Probanden erklärten, mindestens ein emotional belastendes Kindheitserlebnis der hier nachfolgenden zehn genannten Kategorien erlebt zu haben, was garantiert nicht folgenlos blieb.

1. Körperliche Misshandlung
2. Sexueller Missbrauch
3. Emotionale Misshandlung
4. Körperliche Vernachlässigung
5. Emotionale Vernachlässigung
6. Kontakt mit häuslicher Gewalt
7. Suchtmittelmissbrauch im Haushalt
8. Psychische Erkrankungen im Haushalt
9. Trennung oder Scheidung der Eltern
10. Inhaftiertes Haushaltsmitglied

Die US-amerikanische Entwicklungspsychologin Emmy Werner[102] konnte schon in den 1950er-Jahren mit der bereits erwähnten, renommierten Kauai-Studie eindeutig belegen: Je mehr belastende Kindheitserlebnisse zusammenkommen, desto gravierender und zerstörender sind die Folgen, wie mangelhaftes Gesundheitsverhalten, hohe körperliche und psychische Morbidität, Hospitalisierung, Übergewicht, Herz-Kreislauf-Erkrankungen, Lungenkrankheiten, Alkoholismus, Depressivität, Suizidalität bis hin zu einer höheren Sterblichkeit. Alle diese möglichen Auswirkungen ergeben sich auch aus den nach ACE-Kriterien definierten Kindheitstraumata.

Durch Sensitivierung hormoneller und neuronaler Stressreaktionen wird ein Kind immer empfindlicher, schon kleine Reize können dann maximale Reaktionen auslösen. Konnte ein Kind, das ohnehin bereits belastet ist, dann nur ein ambivalentes oder unsicher vermeidendes Bindungsverhalten zu seiner Hauptbezugsperson entwickeln, nimmt die Wahrscheinlichkeit für psychische Erkrankungen und Delinquenz stetig zu.[103]

Emotional verletzte Kinder leiden, und dieses Leid setzt sich bis ins hohe Erwachsenenalter fort. Deshalb benötigen rund zwei Drittel der Menschen, die Entwicklungstraumata erlebt haben, im Laufe ihres Lebens psychotherapeutische Hilfe.[104] Das bedeutet im Umkehrschluss auch, dass nur rund ein Drittel resilient ist, also über die bereits erwähnten seelischen Widerstandskräfte verfügt, um die traumatischen Erlebnisse in der Kindheit ohne Hilfe zu verarbeiten und trotzdem zu einem zufriedenen Leben zu finden.

Das unsichtbare Seelenleid und seine Folgen

Physische und sexuelle Gewalt wird zwar sehr viel häufiger thematisiert und auch erforscht, emotionale Gewalt ist weltweit jedoch sehr viel verbreiteter. In Europa erlebt etwa ein Drittel aller Menschen seelische Gewalt in der Kindheit, in Afrika und in Asien fast jeder Zweite.[105] Emotionale Gewalt hat viele Gesichter. Zu den häufigsten Folgen gehört, dass die Betroffenen später Schwierigkeiten haben, intakte Bindungen zu anderen aufzunehmen und in ihrem Selbstbild gestört sind. Auch wird bei ihnen häufiger ADHS diagnostiziert, sie leiden öfter unter Depressionen und Suizidalität oder zeigen selbstverletzendes Verhalten. Kinder und Jugendliche liegen außerdem oft bei ihren schulischen Leistungen zurück.[106] Bei Erwachsenen, deren Bedürfnisse in der Kindheit nicht oder nur unzureichend befriedigt wurden, sind Angst und Hoffnungslosigkeit sehr viel verbreiteter als unter jenen, denen dies in ihrer Kindheit erspart blieb.

Menschen, deren Seelen Gewalt erfahren haben, haben also grundsätzlich größere Schwierigkeiten, die Herausforderungen des Alltags zu bewältigen. In einigen Fällen kann bereits die Suche nach einem Ausbildungsberuf, ein Studium, ein Jobwechsel, ein Umzug oder das simple Bezahlen einer Rechnung zu einer schweren Belastungsprobe werden. Das sind jene Menschen, von denen gerne behauptet wird, sie bekämen ihr Leben einfach nicht auf die Reihe. Hinzu kommt,

 dass seelische Gewalt in einigen Fällen in Begleitung von körperlicher und sexualisierter Gewalt auftritt, die Betroffenen also auf vielfältige Weise traumatisiert werden. Und eines ist klar: Je mehr Verletzungen sich akkumulieren, desto gravierender sind deren Auswirkungen. Kurz-, mittel- und langfristige Folgen können Schlafstörungen, Essstörungen und Substanzmissbrauch von Drogen, Alkohol und Medikamenten sein. Zu den am weitesten verbreiteten Folgen emotionaler Gewalt gehören aber auch starke Selbstzweifel, mangelndes Selbstwertgefühl, eine depressive Grundhaltung und immer wieder das Auftreten von Ängsten.[107]

Den Betroffenen fehlt das grundsätzliche Vertrauen in die Welt, die Menschen und vor allem in sich selbst. Wer in den ersten Monaten und Jahren seines Lebens nicht lernen durfte, dass die Welt ein sicherer Ort ist, an dem es mindestens eine Person gibt, die zuverlässig, empathisch und liebevoll die kindlichen Bedürfnisse befriedigt und dadurch eine sichere Bindung gewährleistet, der wird Ängste und Zweifel oft ein Leben lang nicht mehr los! Eine schwere Bürde, die den betroffenen Menschen selbst sowie seine Umwelt intensiv belastet. Sie müssen kein Experte sein, um sich lebhaft vorstellen zu können, wie sich Unsicherheit, Misstrauen und Kontrolle gegenseitig befruchten und wie zerstörerisch sich diese selbst erlebte Trilogie auf die Beziehung zu den eigenen Kindern und auf das Leben auswirkt.

Traumata, an die niemand denkt

Nun mag so mancher, der dies liest, weit von sich weisen, dass die eigenen Kinder von Folgen emotionaler Gewalt betroffen sein könnten, denn es hört sich ja alles so unglaublich dramatisch an. Gewalt ist ein großes Wort, niemand will sein Kind damit in Berührung wissen. Ich könnte auch die Begriffe Irritationen, Beeinträchtigungen und Herausforderungen verwenden oder andere, weichere Ausdrücke benutzen. Das wäre aber bloß kaschierendes Wort-Make-up, das sowohl die Handlungen als auch deren Folgen nicht angemessen bezeichnen würde. Meine Mission ist es, die Tragik emotionaler Gewalt in der Kindheit aufzuzeigen, damit wir als Gesellschaft ein Umdenken wagen, und dafür werde ich Worte, die wie Pfeile wirken, nicht weichspülen, indem ich von Wattebällchen spreche.

Wie sehr unsere kulturellen und pädagogischen Überzeugungen dazu beitragen, unsere Kinder entgegen ihrer natürlichen Entwicklung zu überfordern und im schlimmsten Fall sogar zu traumatisieren, sieht man auch am Beispiel Sauberwerden. In westlichen Ländern beginnen viele Eltern üblicherweise ab dem zweiten bis dritten Lebensjahr das sogenannte Töpfchentraining. Lernen Kinder nicht innerhalb der vorgesehenen Zeit, ihren Schließmuskel und ihre Blase zu kontrollieren, konstatieren viele besorgte oder auch ehrgeizige Eltern schnell, dass da etwas nicht stimmen kann. Um aber der sozialen Norm zu entsprechen, weil ein »normales« Kind mit drei Jahren »sauber« ist und so mancher Kindergarten es illegalerweise verlangt, geben nicht wenige Eltern diesen Druck an ihre Kinder weiter. Ein Kind, das jenseits seines dritten Geburtstags noch Windeln trägt, ist fast immer Anlass für besorgte Kommentare aus dem Umfeld. Dieses Umfeld setzt Eltern auch gerne die vorwurfsvolle Idee in den Kopf, etwas falsch gemacht zu haben, worauf diese in Panik geraten und das Sauberwerden durch Druck, Drohungen oder noch schlimmer, Demütigungen, beschleunigen wollen. »Das ist eklig« oder »Iih« sind dann möglicherweise Kommentare an das Kind, das gar nicht verstehen kann, warum das, was bisher doch vollkommen in Ordnung war – nämlich in die Windel zu machen –, auf einmal ein Problem darstellt.

Und was sagt die Wissenschaft? Nun, sie hat den Blick derzeit auf indigene Gesellschaften gerichtet, wo Kinder zum Teil nach wenigen Monaten sauber sind. Forscher fanden heraus, dass bereits Neugeborene über ein körpereigenes System verfügen, um den Druck auf die Blase und den Schließmuskel zu kontrollieren.[108] Müssen sie in der Nacht einmal, werden sie unruhig und zeigen das ihren Eltern an. In indigenen Kulturen, wo es keine Windeln gibt, werden die Kinder dann abgehalten und lernen auf diese Weise schon sehr früh, auf ihre körpereigenen Signale zu hören. Bei uns hingegen lernen Kinder, dass die Eltern nicht auf ihr aufzeigendes, unruhiges Verhalten reagieren, und machen in die Windeln, bis sie verlernen, die eigenen Reize wahrzunehmen, und es als normal ansehen, sich in Windeln zu erleichtern. Bis sie das etwa zwei Jahre später wieder mühsam verlernen müssen![109] Ich will damit nicht sagen: »Weg mit den Windeln«, denn das ist nur für wenige Eltern eine alltagstaugliche Option. Ich will darstellen, wie sehr der Umgang mit Kindern kulturell geprägt ist.

Kinder in Windeln zu legen ist nur eines von vielen Beispielen, das zeigt, dass unsere kulturellen Normen im Umgang mit unseren Kindern von uns zwar als normal erachtet, aber keineswegs entlang der wirklichen biologischen Realitäten der Kindesentwicklung sind. Versuchen wir, Kinder schnellstmöglich windelfrei zu machen, indem wir vollkommen veraltete Sauberkeitstrainings durchführen, tun wir nichts anderes, als sie in Konzepte zu pressen, die ihrem körperlichen und seelischen Erleben nicht entsprechen und im besten Fall Verwirrung, im schlimmsten Fall aber Traumata hervorrufen können, die sich beispielsweise in jahrelangem Bettnässen und den dazugehörenden Demütigungen äußern können.

Emotionale Gewalt beeinträchtigt Beziehungen

Blaue Flecken durch physische Verletzungen werden eines Tages verheilen. Doch die Worte, Gesten und Handlungen, die unsere Seele treffen, also die von mir sogenannten Seelenprügel, beeinträchtigen uns oft ein Leben lang und wirken auch noch auf die folgenden Generationen nach. Wissenschaftler konnten nachweisen, dass Menschen, die von emotionaler Gewalt in der Kindheit betroffen sind, häufiger Schwierigkeiten mit der eigenen Elternrolle haben. Sie sind öfter emotional distanziert oder kalt und können nicht adäquat auf die Bedürfnisse ihrer Kinder reagieren. Oder sie erleben diese als unangemessen anstrengend oder fordernd, was das Risiko für weiteren emotionalen Missbrauch in der Folgegeneration erhöht.[110] Emotionale Gewalt ist ein Teufelskreis, der von einer Generation an die nächste weitergegeben wird, aber nur so lange, bis ein Mensch es schafft, sich anders zu verhalten – dann ist der Teufelskreis sogleich durchbrochen.

Erwachsene, die als Kinder seelische Gewalt erfuhren, haben oft Schwierigkeiten, stabile und verlässliche Bindungen zu anderen einzugehen, ob zu Partnern und Freunden, aber auch zu Therapeuten und Ärzten. Es ist, als trügen sie eine Brille, mit der sie die Menschen in ihrem Umfeld und deren Verhalten sehr viel negativer bewerten, als dies in Wirklichkeit der Fall ist. Das wirkt sich auf ihr Selbstbild und auf ihre Lebensentscheidungen aus, sie sehen an sich, an anderen und an der Welt erst einmal das, was ihnen nicht gefällt oder sogar das, was den anderen unglücklich erscheinen lässt. Es ist der Blick durch die schwarze Brille, der emotional verletzte Menschen oft ein Leben lang begleitet.[111]

Eine amerikanische Studie, an der 184 Collegestudenten beteiligt waren, konnte aufzeigen, dass in der Kindheit erlebte emotionale Gewalt nach sexualisierter Gewalt der zweithöchste Risikofaktor war, um bei Männern sexuelle Aggressionen auszulösen oder sie selbst zu Opfern sexualisierter Gewalt im Erwachsenenalter zu machen. Bei Frauen steht in solchen Fällen vor allem die Viktimisierung im Vordergrund.[112] Was bedeutet das im Detail? Menschen, die Opfer seelischer Gewalt waren, begeben sich unbewusst häufiger in Situationen, in denen sie selbst sexuelle und damit auch seelische Gewalt ausüben oder von ihr betroffen sind. Die Ursache dafür ist in den verschiedenen Bindungsstilen zu finden, die wiederum von frühen Bindungserfahrungen in der Kindheit geprägt werden.

Bindung als Basis für ein gutes Leben

Die Bindungstheorie ist ein relativ junges Feld innerhalb der Psychoanalyse und wurde von dem britischen Kinderarzt und Psychoanalytiker John Bowlby begründet, der Anfang des 20. Jahrhunderts mit verhaltensauffälligen Kindern arbeitete. Dabei fand er heraus, dass sich viele der Schwierigkeiten dieser Kinder auf ein gestörtes Bindungserleben zu den Eltern zurückführen lassen. Im Auftrag der Weltgesundheitsorganisation schrieb er in den 1950er-Jahren einen Bericht über die Situation der vom Krieg betroffenen Kinder in Europa. Viele von ihnen waren von ihren Eltern getrennt worden und wiesen zum Teil ausgeprägte Persönlichkeitsstörungen auf. Bowlby veröffentlichte die Ergebnisse seiner Studie[113] in einer Monografie, die sich binnen kürzester Zeit 500.000 mal verkaufte. Sie ist das erste Grundlagenwerk dazu, was mit Kindern geschieht, die getrennt von ihren Müttern in Institutionen versorgt werden, wo nicht adäquat auf ihre emotionalen und seelischen Bedürfnisse eingegangen werden kann. Auf Grundlage seiner Ergebnisse entwickelte Bowlby die Bindungstheorie, in der er die Bedeutung der Bindung eines Kindes an seine Mutter oder an eine andere primäre Bezugsperson herausarbeitete. Er verdeutlichte, dass die alleinige Versorgung der körperlichen Bedürfnisse bei der Versorgung von Kindern nicht für deren Überleben und Wohlergehen ausreicht. Bowlbys Erkenntnisse wurden von seiner Schülerin Mary Ainsworth aufgegriffen und weiterentwickelt. Beide gelten als die Pioniere der Bindungstheorie.

Den Wunsch, Bindungen einzugehen, definierten Bowlby und Ainsworth als primäres, angeborenes Bedürfnis.[114] Bindung bedeutet die natürliche Fähigkeit eines Menschen, eine enge, von tiefen und intensiven Gefühlen geprägte Beziehung zu anderen Menschen zu suchen, die ihm subjektiv ein Gefühl von psychischer und körperlicher Sicherheit vermittelt. Dieses Bedürfnis steht in einer Wechselbeziehung zu weiteren Bedürfnissen des Kindes nach Autonomie und Exploration. Was auf den ersten Blick widersprüchlich erscheint, bedingt sich auf den zweiten Blick, denn die starke Bindung zu einer Bezugsperson ist nach Bowlby die Voraussetzung, um die Welt zu entdecken. Kinder brauchen sichere Bindungen, weil erst dadurch das Vertrauen entsteht, sich auf die Welt einzulassen.

Ich erinnere mich an einen fantastischen Vortrag von Fabienne Becker-Stoll, der Leiterin des Staatsinstituts für Frühpädagogik in

München. Sie benutzte darin das Bild einer Wippe, um zu verdeutlichen, dass ein Kind entweder Bindungsverhalten auf der einen Seite oder Explorationsverhalten auf der anderen Seite der Wippe zeigt. Das Kind kann nicht beide Verhaltensweisen gleichzeitig zeigen. Sie sagte: »Ohne Bindung keine Bildung!« Solange ein Kind sich nicht traut, den Schoß der Mutter zu verlassen, kann es die Welt nicht kennenlernen. Und um den Schoß der Mutter zu verlassen, muss es sich darauf verlassen können, dass es von seinen Erkundungsgängen jederzeit auf den Schoß, also zur sicheren Basis zurückkehren kann, um dort Ermutigung und Liebe zu tanken.

Ohne Bindung keine Bildung

Das Bindungsverhalten eines Kindes wird durch die frühen Erfahrungen mit den wichtigsten Bezugspersonen, meistens den Eltern, geprägt. Dabei entstehen innere »Arbeitsmodelle«.[115] Durch die Interaktion mit Bezugspersonen erschafft sich das Kind Vorstellungsmodelle von der Welt. Diese Modelle prägen nachhaltig, wie man die Welt bis in das Erwachsenenalter hinein wahrnimmt – als sicheren Ort voller Wärme und Vertrautheit oder als Ort voller Risiken und Gefahren, dem man sich lieber nicht aussetzt. Mehr noch: Elterliche Wertschätzung, Liebe und Anerkennung oder Ablehnung, Abwertung und Herabwürdigung entscheiden darüber, wie unser Bild von uns selbst entsteht, denn dieses ist auf die Interaktion mit anderen angewiesen.

Die Feinfühligkeit[116] der jeweiligen Bezugsperson spielt dabei eine entscheidende Rolle. Da es sich dabei meist um die Mutter handelt, werde ich im Folgenden den Begriff »Mütter« nutzen, ohne jedoch Väter oder andere Bezugspersonen vergessen zu wollen. Die Hauptfrage ist: Wie gut kann eine Mutter auf die Bedürfnisse ihres Kindes eingehen? Wie feinfühlig ist sie, und wie adäquat sind ihre Antworten auf die nonverbalen Fragen ihres Kindes? Je feinfühliger und prompter die Reaktionen im ersten Lebensjahr erfolgen, desto sicherer wird die Bindung sein, weil das Kind Sicherheit erfährt – eigentlich ganz einfach, zumindest in der Theorie. Eine sichere Bindung wiederum fördert die soziale Kompetenz, das Selbstvertrauen und auch die Fähigkeit zur Selbstregulation. Die emotionale Bindung des Kindes an einen Erwachsenen hat einen extrem nachhaltigen Einfluss auf dessen weitere Entwicklung und auf die Fähigkeit, Vertrauen zu anderen und in sich selbst zu haben. Die Feinfühligkeit bemisst sich also daran, wie gut die Mutter die Signale ihres Kindes erkennen und auf sie reagieren kann. Sicherheit und Vertrauen bei Kindern sind Folgen jener angemessenen und zeitnahen Reaktionen der Bindungspersonen.

Das ist die Magie des Optimismus, der als sichere Basis die Grundlage für jedes weitere Bindungsverhalten im Leben eines Menschen und eine wunderbare Basis für Resilienz darstellt. Die Bedeutung der frühen Bindungserfahrungen kann gar nicht hoch genug eingeschätzt werden – dieses unsichtbare magische Bindungsband macht das Leben leichter, wenn es stabil und elastisch ist, oder eben schwerer, wenn es porös, sehr dünn oder gar nicht vorhanden ist.

Eine sichere Basis ist nach Bowlby die Grundlage dafür, dass ein Kind etwa ab dem ersten Lebensjahr langsam damit beginnt, sich von der Bezugsperson zu lösen und die Welt zu entdecken. Am Anfang der Welterkundung ist das Kind oft noch unsicher und sucht immer wieder die Nähe dieser Person, später genügt es, wenn es weiß, dass sie noch immer da ist. Dieses Verhalten verweist auf das Entstehen eines sicheren Bindungsverhaltens und damit die Bereitschaft, gesunde und zuverlässige Beziehungen zu anderen einzugehen, vor allem später im Erwachsenenalter, etwa zu Freunden, Partnern und den eigenen Kindern. Fehlt diese sichere Basis, bleibt das Kind ängstlich, und die Exploration, also die Erkundung der Welt, wird erschwert. Das stört bei einem jungen Kind kaum jemanden, es sei denn, die Eingewöhnung in der Kita verläuft nicht nach Plan.

Später aber, in der Schule, nennt sich das Ganze dann schnell Lernstörung, und es wird zum Problem, wenn Kinder ängstlich, mutlos, lustlos und erfolglos sind. Der Druck auf Kinder und Eltern ist immens, wenn es in der Schule nicht so läuft wie erwünscht – das ist zumindest meine Erfahrung aus rund 15.000 Beratungsstunden in den vergangenen zehn Jahren. Manche Kinder fühlen sich von ihren Eltern und Lehrern abgelehnt, glauben nicht, dass ihnen etwas zugetraut wird, und trauen sich auch selbst kaum etwas zu. Sie haben Angst vor der Schule, Angst vor schlechten Noten, Angst vor der Reaktion ihrer Eltern und sie haben nie gelernt, dass Lernen Freude machen kann. Wenn Eltern informiert und mutig genug wären, auf ihr Herz und ihre innere Stimme zu hören und weniger auf Experten der alten Schule, könnten viele der Schwierigkeiten, die Kindern begegnen, vermieden werden.

Was aber, wenn es um die Feinfühligkeit der Mutter nicht so gut bestellt ist, weil sie als Kind keine sichere Basis hatte, deshalb selbst keine sicheren Bindungen aufbauen konnte und ihrem Kind nicht das geben kann, was es braucht?

Mary Ainsworth beobachtete noch zwei weitere Muster von Bindungsverhalten, die unsicher-vermeidende Bindung und die unsicher-ambivalente Bindung, die beide durch unzuverlässige Reaktionen der Bezugspersonen entstehen und im späteren Leben nur schwer zu verändern sind.[117] Bei einem unsicher-vermeidenden Bindungsstil zeigen Kinder starke Stress- und Unruhesymptome, sie sind schwer zu beruhigen und können ihre Gefühle nicht adäquat ausdrücken. Als Erwachsene haben sie es oft schwer, sich auf Beziehungen und Nähe einzulassen, vermeiden Intimität oder können diese nur schwer zulassen, obwohl sie sich eigentlich nach ihr sehnen. Typisch für diese Erwachsenen sind Stop-and-Go-Beziehungen. Der unsicher-ambivalente Bindungsstil zeichnet sich durch große Ängstlichkeit und Anhänglichkeit des Kindes aus, das unter starken Trennungsängsten leidet und sich an die Mutter klammert. Erwachsene empfinden später oft eine starke Angst vor dem Verlassenwerden, sind sehr eifersüchtig und kontrollierend und können nicht gut alleine sein. Sie kommen mit Trennungen kaum zurecht, fühlen sich aber gleichzeitig in Beziehungen schnell eingeengt.

Es ist schwere Kost, ich weiß, aber die Bindungsqualität eines Kindes ist nun einmal abhängig von der Bindungsrepräsentation der primären Bezugspersonen, und das ist in unseren Breitengraden meistens die Mutter. Es ist so unermesslich wichtig, wie Mütter mit ihren Kindern umgehen und wie sie die Beziehung zu ihren Kindern leben.

Wie unbefangen und frei von äußeren Urteilen und Bewertungen oder von eigenen Traumata können Sie mit Ihren Kindern interagieren? Je autonomer Sie als Bezugsperson in Ihrer Bindungsrepräsentation sind, umso wahrscheinlicher wird auch Ihr Kind ein sicheres Bindungsverhalten zeigen. Für Eltern lohnt es, sich mit dem Thema Bindung intensiv auseinandersetzen. Wenn Sie sich dabei unsicher fühlen, sollten Sie nach entsprechender Unterstützung Ausschau halten. Es gibt inzwischen zahlreiche exzellente bindungsorientierte Beraterinnen, die Ihnen Mut machen, wenn Ihr eigener Mut Sie vielleicht einmal verlässt. Diese Beratungen funktionieren, auch in Form von Online-Sitzungen, und sind sehr niedrigschwellig.

Mir ist es in diesem Zusammenhang besonders wichtig, zu betonen, dass Sie ein kleines Kind nicht verwöhnen, indem Sie sich ihm zuwenden, sondern, dass die enge Bindung und Liebe die spätere Selbstständigkeit eines Kindes überhaupt erst ermöglicht.

Ich möchte zudem festhalten, dass frühe Bindungserfahrungen zwar entscheidend für das gesamte Leben eines Menschen, jedoch nicht in Stein gemeißelt sind. Selbst wenn Kinder keine sichere Bindung an ihre Mutter haben, können sie später im Leben sichere Bindungen aufbauen. Das ist zwar nicht einfach, aber möglich. Ein gutes Beispiel dafür sind Adoptivkinder,[118] deren erste Lebensjahre nicht von Zuwendung geprägt waren und die sich von diesen frühen traumatischen Vernachlässigungserfahrungen gut erholt haben.

Die beste Nachricht beim Thema Bindung lautet: Es reicht vollkommen aus, wenn man im Leben eine sichere Bindung zu mindestens einer Person hat. Das muss nicht die eigene Mutter sein. Auch das ist ein wichtiges Ergebnis der bereits angesprochenen Kauai-Studie!

Sichere Bindungen schützen sowohl Kinder als auch Erwachsene vor psychischen Krisen, wirken stärkend bei emotionalen Schwierigkeiten und erleichtern es Menschen, all den hohen sozialen Anforderungen standzuhalten.[119] Unsichere Bindungen hingegen sind ein Risikofaktor für eine Vielzahl psychischer Störungen.

Bindungsstörungen

Es gibt allerdings nicht nur die verschiedenen Bindungsstile, sondern auch Bindungsstörungen. Diese haben weitreichende Folgen. Bindungsstörungen entstehen durch Verlusterfahrungen, Missbrauch, Misshandlungen, Zurückweisungen – also bei emotionaler Gewalt. Man spricht dann auch von einer Deprivation der Bindung, einer reaktiven Bindungsstörung oder einer Bindungsstörung mit Enthemmung.[120] Statt Zuwendung und Liebe erfährt das Kind Zurückweisung und Gewalt. Betroffene Kinder zeigen oft Kontaktstörungen, Distanzlosigkeit, Ablehnung, Aggressionen und selbstverletzendes Verhalten und landen nicht selten in Heimen oder Psychiatrien.

Das 2019 in Deutschland produzierte Drama *Systemsprenger* unter der Regie von Nora Fingscheidt zeigt eindrücklich das tausendfache Schicksal solcher Kinder in staatlichen und auch privaten Institutionen in Deutschland. Viele von ihnen haben derart häufig einen Abbruch der so wichtigen Bindungen erlebt, dass sie nun selbst ein wahllos freundliches, aufmerksamkeitssuchendes Verhalten ohne jede Distanz oder jeden Selbstschutz an den Tag legen. Sie haben Schwierigkeiten beim Aufbau tiefergehender Beziehungen, was sie anfällig für Missbrauch und Ausbeutung macht. Auch Trennungserfahrungen, psychisch und chronisch kranke Eltern und soziale Belastungen, wie etwa Armut, können zu Bindungsstörungen führen.[121]

Im Zusammenhang mit Bindungsstörungen werden nach dem Münchner Kinder- und Jugendpsychiater Karl Heinz Brisch sieben Typen unterschieden: Kinder mit Typ I zeigen keinerlei Bindungsverhalten, weil sie in ihrem Leben nie eine echte Bezugsperson kennengelernt haben und auch zu anderen Menschen keine Bindung aufnehmen. Zu Typ II zählen Kinder mit einem undifferenzierten

Bindungsverhalten, bei denen man auch von einer sozialen Promiskuität spricht. Das bedeutet, sie nehmen rasch und unangemessen enge Bindungen auch zu Fremden auf. Typ III umfasst Kinder, die auch noch im Schulalter eine starke Anhänglichkeit an ihre Bezugsperson zeigen und klammern. Typ IV subsumiert Kinder mit gehemmtem Bindungsverhalten und tritt vor allem bei körperlich misshandelten Kindern auf. Typus V beschreibt Kinder mit einem aggressiven Bindungsverhalten, Typus VI zeichnet sich durch eine Rollenumkehr aus. Das Kind übernimmt die Rolle des Erwachsenen, etwa, weil es bei schwachen oder kranken Eltern aufgewachsen ist, um die es sich kümmern musste. Bei Typus VII finden sich starke Bindungsstörungen, die sich auch schon bei Babys und Kleinkindern psychosomatisch äußern, etwa durch exzessives Schreien im Säuglingsalter, Bauchschmerzen, Schlafstörungen, Fütter- und Gedeihstörungen. Auch hier gibt es inzwischen viele bindungsorientierte Ambulanzen, Beratungs- und Therapiemöglichkeiten, die Eltern unterstützen und ihnen beistehen.

Das Kind, ein Tyrann?

Er hält sich hartnäckig: Der Mythos, Kinder würden durch (zu viel) Aufmerksamkeit und Fürsorge zu Tyrannen. Geprägt hat diesen Begriff der umstrittene Kinderpsychiater Michael Winterhoff.[122] Die Angst, dass Kinder ihre Eltern manipulieren, dominieren und ihnen entgleiten, also nicht so funktionieren, wie Erwachsene es wollen, und im Leben gänzlich versagen, wird oft als Begründung für emotionale und psychische Gewalt herangezogen. Eltern und Verantwortliche in Kitas, Schulen, Kinderheimen und anderen Institutionen argumentieren noch immer, dass zu viel Zuwendung Kindern letztendlich schade und sie sich in symbiotisch-narzisstischen Beziehungen befinden. Für mich falsche, unfassbare Aussagen, aber für viele unsichere Erwachsene ist es leichter, an einfache, höchst autoritäre »Lösungen« zu glauben und im Umgang mit Kindern entsprechend zu handeln. Kinder per se als Tyrannen zu bezeichnen, gehört zu jenen grotesken und schädigenden Auswirkungen der »schwarzen Pädagogik«, die ich anprangere. Dieses Denken muss hinterfragt und verändert werden.

Ich denke, nach allem, was Sie nun über Bindung und die möglichen Folgen seelischer Gewalt an Kindern wissen, können Sie das Bild vom Kind als Tyrann schnell vergessen. Kinder sind keine Tyrannen, weil sie in bestimmten Situationen die Befriedigung ihrer Bedürfnisse einfordern. Sie sind evolutionäre Erfolgsmodelle. Wir sollten uns über sie freuen, sie lieben und sie in all ihrem Eigensinn und ihrem Lebenswillen ernst nehmen und unterstützen.

Nehmen wir beispielsweise »schwierige« Babys: Sie weinen viel, lassen sich nicht hinlegen, wollen nur getragen werden und fordern unüberhörbar und mit Nachdruck die Befriedigung ihrer Bedürfnisse ein. Für Eltern und für die Gesellschaft sind diese Kinder oft ein Problem, doch in Wahrheit handelt es sich um nicht weniger als ein tolles, evolutionäres Erfolgsmodell.[123] Gemeinhin geht man davon aus, dass »schwierige« Kinder ihre Eltern mehr unter Stress setzen und sie deshalb einem höheren Risiko für Vernachlässigung und emotionale und physische Gewalt ausgesetzt sind. Man könnte also meinen, dass dieses herausfordernde Verhalten auch in früheren Zeiten schlechtere Überlebenschancen bedeutet haben müsste – so die Theorie. Das wollte der Forscher Martin de Vries überprüfen und begleitete eine Gruppe von Massai während einer Dürre- und Hungerperiode. Dabei fand er heraus, dass diejenigen Babys, die lautstark die Befriedigung ihrer Bedürfnisse einforderten, höhere Überlebenschancen haben als jene, die leise und leicht zu handhaben waren.[124] Laute, unbequeme Babys sind aus Evolutionssicht also die erfolgreicheren, was die Vermutung nahelegt, dass wir alle von solchen Babys abstammen. Das bedeutet für Sie persönlich: Sie verfügen demnach über die Fähigkeit, auch unter widrigsten Umständen dafür zu sorgen, dass jemand auf Ihre Bedürfnisse reagiert und Sie versorgt. Diese Fähigkeit ist ganz tief in Ihnen angelegt. Falls Ihr Kind also auch deutlich kommuniziert und Aufmerksamkeit vehement einfordert –

herzlichen Glückwunsch, es sorgt gut für sich und wird nicht überhört, im Gegensatz zu einem Kind, das vielleicht still und leise vor sich hin leidet und dadurch übersehen wird.

Kindliche Bedürfnisse gehen nicht immer mit jenen der Erwachsenen konform, das kann und sollte auch niemals das Ziel sein. Ja, es gibt einen herausfordernden Berufsalltag, den nicht minder anstrengenden Haushalt, möglicherweise eine Partnerschaft, die ebenfalls Aufmerksamkeit braucht, die eigenen Bedürfnisse, eine oft fordernde Herkunftsfamilie und den Freundeskreis, den man auch nicht vernachlässigen will. Umso wichtiger ist, sich immer wieder und wieder sehr bewusst und klar in Erinnerung zu rufen, dass es die Lebensumstände sind, die anstrengen und ermüden, nicht die Kinder.

Wir alle können und sollten, sowohl individuell als auch gesellschaftlich, daran arbeiten, dass sich an diesen stressigen Lebensumständen etwas ändert. Erziehende und betreuende Menschen sollten entlastet werden, Kinder nicht mehr pathologisiert und in ihrem Bindungsverhalten geschädigt werden, denn die Folgen von andauernder emotionaler Gewalt sind drastisch für die betroffenen Kinder und damit für uns als Gesellschaft.

Der Weg in einen gewaltbewussteren Umgang mit Kindern führt zunächst über Information. Sowohl das Wissen um Bindungsverhalten als auch der Blick zu indigenen Gesellschaften kann unseren Horizont erweitern und uns zeigen: Feinfühligkeit und ein aufmerksamer Umgang mit den Bedürfnissen unserer Kinder sind die Schlüssel zu einer glücklichen Kindheit und einer gesunden und resilienten Psyche im Erwachsenenalter. Ganz egal, was Ihr Umfeld versucht, Ihnen einzureden, hören Sie auf das, was Ihr Herz Ihnen sagt – vertrauen Sie sich und Ihrem Kind, und trauen Sie sich und Ihrem Kind vor allem viel zu. Informieren Sie sich über bedürfnisorientierte Begleitung, schauen Sie sich Vorträge zum Thema kindliches Lernen an und das Wichtigste, vermutlich auch das Schwerste: Sorgen Sie für möglichst viel Entspannung und möglichst wenig Druck in sich selbst und in Ihrem Leben. Nehmen Sie dafür gerne meine Klarheit und meine professionell helfende Hand an und lassen Sie sich weiterhin durch dieses Buch von mir begleiten. Vertrauen Sie der Bindungsforschung, denn sie zeigt, dass Ihr Bauchgefühl richtig ist, wenn Sie Ihr Kind liebevoll begleiten und beschützen. So können wir alle gemeinsam dafür sorgen, dass Seelenprügel in absehbarer Zeit schon Geschichte sein werden!

Im dritten Teil des Buches lade ich Sie jetzt dazu ein, mehr über die Bedeutung der Bildungs- und Erziehungspartnerschaft in Kitas und Schulen zu erfahren. Ich zeige Ihnen auch, wie wichtig Kinderschutz ist, nicht nur für die Kinder, sondern für unsere Welt!

Teil III

Eine gewaltfreiere Welt für Kinder

KAPITEL 7

Neue Eltern – starke Kinder

Eine glückliche Kindheit beginnt mit den Werten und Entscheidungen von Eltern.

Da sich Erwachsene ihrer frühen Traumata selten bewusst sind, wirken sie unerkannt in den Tiefen der Seele weiter und kommen besonders in Beziehungen und garantiert im Umgang mit den eigenen Kindern wieder zum Vorschein.[125] In besonders herausfordernden Situationen treffen Eltern dann bestimmte verletzende Aussagen, die sie sich eigentlich geschworen hatten, niemals auszusprechen. All das ist menschlich und verständlich, sollte aber trotzdem nicht immer wieder vorkommen, weil es Kindern schadet. Wie gut, dass es Wege aus dieser Triggerfalle gibt!

Starke Eltern – starke Kinder

Vor einiger Zeit sprach ich mit einer Mutter, die sich in Foren und in den sozialen Medien intensiv für einen Mentalitätswandel in der Erziehung, weg von der emotionalen Gewalt und hin zu bedürfnisorientiertem Begleiten einsetzt. Sie sagte mir, dass sie sich wünscht, alle Menschen müssten, bevor sie Kinder bekommen, einige Wochen Therapie machen, um ihre eigenen Traumata zu heilen. So drastisch dieser Vorschlag zunächst erscheint, hat er doch auch einen wahren Kern, denn was Menschen in der Kindheit erfahren, prägt sie ein Leben lang.

Ich bin allerdings der Ansicht, dass eine Therapie nicht in allen Fällen erforderlich ist, da es Alternativen gibt. Abgesehen davon, wo sollen auch die vielen benötigten Therapieplätze plötzlich herkommen?

Werden Menschen Eltern, richten sie ihr Verhalten an den frühen Vorbildern für Elternschaft in ihrem Leben aus – also an ihren eigenen Eltern. Dies kann sich unterschiedlich auswirken. Manche Menschen versuchen sehr bewusst, alles ganz anders und besser zu machen als ihre eigenen Eltern, andere wählen sie als positives Vorbild, sind blind für die Fehler, unter denen sie als Kind selbst gelitten haben, oder haben sie verdrängt. Das ist der Grund, warum der Anfang einer glücklichen Kindheit für ein Kind mit dem Reflexionsprozess der Eltern beginnt. Eltern sollten sich folgende Fragen stellen: Was aus meiner eigenen Kindheit war gut und darf bleiben? Was ist aus heutiger Sicht vielleicht nicht mehr nützlich und sollte bewusst verabschiedet werden?

Wenn Eltern ihre eigene Kindheit auf diese Weise reflektiert haben, kommen Sätze wie »Mir hat das auch nicht geschadet« ganz sicher seltener vor oder verschwinden vollkommen. Das ist nämlich exakt die gleiche Formulierung, die man früher auch oft im Zusammenhang mit dem berühmten Klaps auf den Hintern hörte. Wenn man aber ein wenig tiefer gräbt, dann entdeckt man, dass die Betroffenen sich der seelischen Verletzungen bestimmter Erziehungsmethoden zumindest teilweise sehr wohl bewusst sind, vor der Auseinandersetzung damit aber zurückscheuen. Das geschieht aus Selbstschutz und auch, weil man als Erwachsener das Verhältnis zu den Eltern möglicherweise nicht nachträglich belasten möchte. Auch das ist menschlich und absolut verständlich, dadurch wird der Teufelskreis emotionaler Gewalt aber nicht durchbrochen.

Ich plädiere für eine liebevolle und achtsame Beschäftigung mit der eigenen Kindheit für sich alleine, mittels Coaching oder durch den Beginn einer Therapie. Das gibt zum einen die Möglichkeit, alte Wunden im Licht eines neuen Bewusstseins zu heilen, zum anderen macht es frei davon, aus dem Trauma oder Unbewussten heraus zu agieren und so vielleicht neue Verletzungen bei den eigenen Kindern zu verursachen.

Raum und Zeit für Nähe statt schimpfen

Schimpfen erzeugt Stress – bei Eltern, bei Pädagogen –, aber vor allem bei den Kindern. Es hemmt sie, erzeugt Unruhe und Ängste und hindert sie daran, die Persönlichkeit zu werden, die sie werden könnten, wenn sie ihr Potenzial frei entfalten würden. Wie aber können Eltern und Pädagogen mit den vielfältigen Herausforderungen, die im Alltag mit Kindern auftreten, umgehen? Die größte Schwierigkeit ist wohl, im entscheidenden Augenblick ruhig zu bleiben und dem Drang, zu schimpfen, nicht nachzugeben. Denn schimpfen hilft nur kurzfristig oder gar nicht – im Gegenteil, es schadet nachweislich![126] Viel besser ist, Kinder in Ruhe an die getroffenen Regeln und Absprachen zu erinnern und als Eltern bei sich zu bleiben. Stellen Sie sich in solchen Momenten Fragen wie diese: Was fühle ich gerade? Bin ich wirklich sauer über die Unordnung im Kinderzimmer oder wächst mir in Wahrheit etwas ganz anderes über den Kopf?

Noch schwieriger ist es, wenn Kinder Erwachsene mit ihrer Wut konfrontieren. Das Kind schreit, weil es nicht ins Bett will. Das bedeutet für die meisten Eltern eine massive mentale wie körperliche Stresssituation. Menschen sind hier mit drei Reaktionen ausgestattet: fliehen, angreifen oder erstarren! Alle drei Optionen stellen im Umgang mit Kindern keine besonders guten Lösungen dar. Kinder lernen am Modell. Durch Ihren Umgang mit Stress lernt das Kind, wie es später selbst mit Stress umgeht. Deshalb kann es hilfreich sein, wenn Sie sich vor Augen halten, dass Ihr Kind eben nicht der personifizierte Stress ist, sondern Ihr Kind, für das Sie viel Liebe empfinden. Achtsam bei sich selbst zu bleiben und eine innere Beobachterposition einzunehmen kann dabei helfen, dass die Gefühle Sie nicht überrollen und Sie schlussendlich doch wieder schimpfen.

Wenn Kinder verstehen, warum Mutter oder Vater »Nein« sagen, und sich dennoch gehört und gesehen fühlen, können sie diese ungeliebten Neins besser akzeptieren. In der Praxis hört sich das dann in etwa so an: »Ich verstehe sehr gut, dass du gerade Lust auf ein Eis hast, und auch mir würde das jetzt gefallen, aber das müssen wir auf später verschieben. Lass mich erst die Küche aufräumen und später spazieren wir zur Eisdiele und gönnen uns ein Eis.« Ganz wichtig dabei: Was versprochen wird, muss auch eingehalten werden, denn gebrochene Versprechen sorgen für Vertrauensverlust – und das ist das Letzte, was Sie wollen.

Je sicherer sich ein Kind fühlt und je mehr es einem Erwachsenen vertraut, desto offener wird es kommunizieren, seine Gefühle zeigen und kooperieren. Denken Sie an Ihr eigenes erwachsenes Umfeld. Wenn Sie jemandem wirklich vertrauen, hinterfragen Sie nicht jeden Satz dieser Person und erfüllen eine Bitte schon deshalb leichter, weil Sie wissen, dass Sie weder ausgenutzt noch hintergangen werden. Sie vertrauen aber nur dann, wenn Sie in der Vergangenheit erfahren durften, dass Sie von diesem Menschen gemocht und ernst genommen wurden. Kinder brauchen genau diese Form der Wertschätzung. Ihre Ideen zu beachten und sich in ihre Gefühle hineinzuversetzen hilft, zu verstehen, warum ihnen etwas wichtig ist – auch wenn es mit Ihren Bedürfnissen als Eltern und den Anforderungen des Alltags kollidiert. Je besser Eltern ihre Kinder verstehen, desto leichter wird der gemeinsame Alltag, weil die Bedürfnisse aller wahrgenommen werden. Das ist letztlich wichtiger, als alle Bedürfnisse sofort zu erfüllen.

Stress aus dem Alltag nehmen

Kinder sind keine unfertigen Menschen, sie sind Kinder und haben eigene Bedürfnisse. Sie sind zwar noch nicht so sehr erfahren im Leben, aber dafür aufmerksame Beobachter und wissen eine ganze Menge. Da sie die Welt durch Kinderaugen wahrnehmen, sehen sie anders. Kinder haben einen bewundernswerten Blick für Dinge, die wir vielleicht Kleinigkeiten nennen würden. Für sie sind das keine Kleinigkeiten, es ist ihre Welt! Und in dieser ihrer Welt möchten sie als verständige und kompetente Gesprächspartner anerkannt und behandelt werden. Alles andere verletzt ihr Selbstwertgefühl.[127]

Wir Erwachsenen schaffen das allerdings nur dann, wenn wir etwas Stress aus unserem Alltag nehmen. Mit mehr bewusst verbrachter Zeit mit den Kindern gelingt es leichter, ein sicheres und liebevolles Umfeld zu schaffen, in dem auch Platz für Konflikte und Emotionen ist. Sie kennen das sicher: Wenn Sie selbst bereits vollkommen am Anschlag sind, empfinden Sie die Bedürfnisse und Gefühle Ihres Kindes schnell als Störung, ja sogar als Bedrohung. Je besser Ihnen die Organisation des Alltags gelingt und je mehr Sie externe Stressoren vermeiden, umso mehr Luft bleibt Ihnen für die Interaktion mit Ihren Kindern. In solchen Momenten und Phasen haben Sie einen Raum geschaffen, in dem Entwicklung, Begegnung und Nähe entstehen können.

Wenn ich mir heutige Familien so anschaue, dann staune ich oft und frage mich gleichzeitig, wann sie eigentlich Zeit miteinander verbringen. Häufig ist der Alltag zwischen Arbeit, Abholzeiten, Verabredungen und Freizeitaktivitäten so intensiv durchgetaktet, dass kaum Zeit zum Luftholen bleibt. Ein aktives Leben zu führen ist toll. Aber die notwendigen Pausen, gemeinsame Aktionen, Qualitätszeit als Familie auch jenseits des Urlaubs, all das kommt oft zu kurz. Ich beobachte aber auch, wie neue Eltern sich proaktiv für mehr Zeit mit ihren Kindern entscheiden und die ein oder andere Verabredung, das ein oder andere Familienfest nicht wahrnehmen, weil sie wissen, wie anstrengend es für alle Beteiligten ist, wenn ein vierjähriges Kind drei Stunden gut gelaunt stillsitzen soll. Sich sehr genau zu überlegen, was Sie sich und Ihrem Kind zumuten wollen – auch das ist aktiver Kinderschutz!

Wenn Eltern und Pädagogen sich immer wieder bewusst dafür entscheiden, sich auf die positiven Aspekte von Situationen und die Kompetenzen der Kinder zu konzentrieren, kann sich Druck weniger schnell auftürmen. Ihre Kinder haben in mehreren Anläufen Milchreis gekocht und in der Küche ein Chaos angerichtet? Dafür brauchen sie jetzt kein Abendessen mehr, Sie müssen nicht kochen, und die Kinder haben gelernt, dass Milch schnell anbrennt. Sie können nun gemeinsam mit den Jungköchen die Küche aufräumen, es sei denn, auch Sie neigen dazu, viel zu viel Fürsorge zu leisten und zu wenig Hilfe einzufordern. Dann nämlich räumen Sie genervt alleine auf, und Ihre Kinder haben gelernt: »Ich koche und danach wird für mich geputzt!« Das mag aus Sicht der jungen Köche sehr angenehm sein, könnte aber für Sie schnell zu Überforderung führen, zumindest dann, wenn Ihre Kinder gerne kochen.

Kinder wollen selbstwirksam sein und am Leben beteiligt werden. Viele Eltern wissen das schon und geben ihren Kindern einen echten Platz in der Familie. Jeder hat eine Stimme, jeder wird gebraucht. Auch jüngere Kinder helfen im Rahmen ihrer Möglichkeit gerne im Haushalt mit, wenn Erwachsene sich die Zeit nehmen, es mit ihnen zu üben. Auch wenn es erst einmal mehr Zeit kostet – auf lange Sicht entlastet es die ganze Familie, wenn jeder ein kleines bisschen mit anpackt. Und es stärkt das Selbstvertrauen der Kinder, wenn sie sehen und vor allem spüren, sie sind wichtig und gehören dazu.

Als Elternteil immer wieder nur im Moment zu sein, statt mit dem Kopf in der Zukunft oder Vergangenheit, und sich achtsam zu fragen, wie es einem selbst eigentlich geht – körperlich wie mental –, hilft, aus dem bloßen Abhaken von Aufgaben herauszukommen, was schnell zu einem Gefühl der Ohnmacht führen kann. In einer Familie mit Kindern endet die Arbeit schließlich nie, das kann Menschen schnell an den Rand der Verzweiflung bringen. Deshalb ist es so wichtig, sich als Erstes vom Perfektionismus zu verabschieden und als Zweites anzuerkennen, dass Sie fast immer Ihr Bestes geben. Fast? Ja, fast, denn niemand gibt immer sein Bestes. Das ist auch gut so, sonst wären wir perfekt, und davon wollten wir uns ja gerade verabschieden.

Und was, wenn doch einmal etwas schiefgeht? Dann ist Lachen eine gute Medizin. Zeigen Sie als Mutter oder Vater, dass Sie auch über sich selbst lachen können, nehmen Sie sich auf die Schippe und nicht immer ernst. Lachen baut Spannungen ab, es entlastet und verbindet und sorgt ganz automatisch für die Ausschüttung positiver Botenstoffe. Es ist das beste und wirksamste Mittel gegen Stress, und es ist dazu noch sympathisch, unterhaltsam und gesund. Wenn der
 ganze Stress mal wieder zu viel wird und Sie spüren, wie der Druck

in Ihnen ständig steigt, überlegen Sie doch zuerst einmal, ob es möglich wäre, die Situation vielleicht auch in einem komischen Licht zu sehen. Das funktioniert besser, als Sie sich vielleicht vorstellen können.

Empathie und Partizipation – Schlüsselelemente für starke Kinder

Empathie kommt im Umgang mit Kindern eine entscheidende Rolle zu. Sie drückt sich durch Mitgefühl, eine wertschätzende Sprache – auch im Konfliktfall –, Kommunikation auf Augenhöhe, Ehrlichkeit und das Einhalten von Absprachen aus. Kinder erfahren dadurch, dass sie mit ihren Gefühlen wahrgenommen werden. Das stellt für sie in jedem Lebensalter eine bedeutsame und notwendige Erfahrung dar. Bei kindlichen Wutattacken geht es oft auch darum, dass die jeweilige Bezugsperson das kindliche Erleben anerkennt und die Gefühle ernst nimmt. Mit einem Satz wie »Ich kann verstehen, dass du traurig bist, weil wir nicht mehr auf den Spielplatz gehen, aber heute kann ich es nicht einrichten. Wollen wir gleich schauen, wann wir es stattdessen machen, damit du dich darauf freuen kannst?« drücken Sie Verständnis aus und bieten außerdem noch eine Alternative und damit einen Lösungsweg aus der Wut heraus in Richtung Vorfreude. Wir kennen das eventuell aus anderen, sehr nahen Beziehungen. Häufig kann ein Konflikt erst dann beigelegt werden, wenn sich beide Seiten gesehen und verstanden fühlen. Das heißt nicht, dass man plötzlich einer Meinung ist oder der Widerspruch aufgehoben wurde, sondern nur, dass man sich wechselseitig wahrnimmt und diese Wahrnehmung auch entsprechend ausdrückt.

Auch wenn wir das häufig vergessen: Wir waren alle einmal Kinder! Die Erinnerung daran steckt noch in uns, auch wenn sie im Alltag verschüttet ist. Sich bewusst Zeit zu nehmen, Erinnerungen an das eigene Erleben als Kind wachzurufen, hilft dabei, Mitgefühl mit Kindern zu haben, auch und gerade, wenn Kinder besonders herausfordernd sind. Vor allem fällt dann auf, dass das, was viele Eltern ihren Kindern unterstellen, gar nicht stimmt. Kinder verhalten sich nicht irgendwie absichtlich »so«, weil sie provozieren, weil sie Grenzen suchen und dominieren wollen. Kinder verhalten sich, wie sie sich verhalten, weil das Ausdruck ihrer inneren Bedürfnisse und Wahrnehmungsverarbeitung ist. Das Ziel, ihre Eltern bewusst aus der Fassung zu bringen, verfolgen Kinder nicht, wozu auch? Auch wenn das manchmal schwer zu glauben ist, Kinder möchten nicht ärgern, und wenn es ihnen gut geht, provozieren sie auch nicht. Tun sie es doch, ist es ein Signal dafür, dass sie auf irgendetwas aufmerksam machen wollen, was ihnen in ihrem Leben gerade nicht guttut.

Wenn also wieder einmal eine Schreiattacke im Supermarkt losbricht oder sich Ihr Kind weigert, die Schuhe anzuziehen, obwohl Sie ohnehin schon zu spät dran sind: Bedenken Sie, dass jede dieser Verhaltensweisen ein Gefühl des Kindes ausdrückt. Vielleicht hatte das Kind schon einen anstrengenden Tag und vielleicht ist es vom riesigen Angebot, dem grellen Licht, den schrillen Durchsagen und den vielen Menschen im Supermarkt schlicht überfordert. Dieses Gefühl kann ich auch als Erwachsene sehr gut nachvollziehen. Vielleicht würde das Kind lieber in seinem Zimmer allein spielen und einer Idee nachgehen, statt unter Termindruck zu stehen? Auch das kann sicher jeder von uns, der seine Tage mit übervollen Terminkalendern verbringt, verstehen. Warum sollte es Kindern anders gehen? Noch dazu haben sie ja viel weniger Mitbestimmungsrecht darüber, was in und mit ihrem Leben gerade geschieht.

Dabei sein ist alles

Das bringt mich zum zweiten Schlüssel für eine neue, gesunde und starke Interaktion zwischen Kindern und Eltern: Partizipation. Wenn Kinder in die Planung des Alltags, in die Entscheidungen der Eltern und auch in Aufgaben wie etwa den Haushalt eingebunden sind, dann fühlt sich die gemeinsame Zeit für das Kind weniger fremdbestimmt an. Es hat nicht mehr die Wahrnehmung, dass mit ihm etwas gemacht wird – gegen das es vielleicht früher oder später rebelliert –, sondern dass es partizipiert, Teil von etwas Größerem ist und mitgestalten darf. Das bedeutet nicht, dass jede Entscheidung vom Wunsch und Willen des Kindes abhängen sollte oder das Kind Verantwortung tragen muss – diese bleibt selbstverständlich allein bei den Eltern. Aber das Kind wird einbezogen in die Prozesse, die für viele Kinder scheinbar im Verborgenen ihren Alltag bestimmen, weil die Eltern sie nicht mit auf die Reise nehmen.

Kinder haben ein natürliches Interesse daran, zu verstehen, wieso Eltern jetzt dies oder das machen, warum etwas wichtig ist oder, weshalb bereits getroffene Entscheidungen sich noch einmal verändern. Von großer Bedeutung ist, sich die Zeit zu nehmen, Kindern die Zusammenhänge zu erklären, statt sie ständig vor vollendete Tatsachen zu stellen. Man kann Kindern durchaus erklären, dass man sich manchmal beeilen muss, um pünktlich bei einem Termin zu erscheinen. Denn genau das ist es, was irgendwann, scheinbar unvorhersehbar, Protest und Widerstand erzeugt, wenn man plötzlich schnell machen muss, obwohl es doch gerade noch ein gemütlicher Morgen war. Es ist der kindliche Drang zur Selbstbehauptung, der sich da regt, und dieser ist, wie Sie bereits gelesen haben, essenziell für die Entwicklung. Wenn das natürliche Streben nach Autonomie aber der Alltagsplanung der Eltern scheinbar plötzlich dazwischenfunkt, haben diese sich tief in eine Sackgasse manövriert. Dann kann man nur noch entweder von den ursprünglichen Plänen Abstand nehmen oder aber Druck auf das Kind ausüben. Das können Sie vermeiden, indem Sie Ihrem Kind glaubhaft vermitteln, dass seine Meinung und Gefühle ebenfalls wichtig sind, und es in Planungen, die die ganze Familie betreffen, miteinbezogen wird.

In solchen Prozessen lernen Kinder, die Folgen von Entscheidungen als Folgen auch des eigenen Handelns zu verstehen und sich darin wiederzuerkennen. Die Bereitschaft, zu kooperieren, wird dann sehr viel größer sein. Ja, all das kostet viel Zeit. Diese Kosten sind allerdings das beste Investment, das Sie für sich und für Ihr Kind überhaupt machen können – denn die Vertrauensrendite ist galaktisch und läuft ein ganzes langes Leben.

Gewaltfreie Kommunikation mit Kindern

Im Umgang mit Kindern sind wir alle, Eltern wie Nichteltern, Vorbilder. Von Kindern wird erwartet, dass sie sich sozial und friedlich verhalten und Konflikte auf eine respektvolle Weise lösen. Doch wenn es darum geht, genau das selbst zu tun, stellen wir fest, wie schwer es ist, und zwar unabhängig davon, wie alt unser Konfliktpartner ist. Wenn wir mitten in einer brenzligen Situation stecken, ist es noch schwerer, Alternativen für Beschimpfungen und Drohungen zu finden. Deshalb lohnt es, sich schon im Vorfeld ein paar Strategien zu überlegen, wie das einige neue Eltern bereits tun und auch in den sozialen Medien teilen. Ich empfehle Ihnen, sich in einschlägigen Blogs sowie auf Instagram und Facebook jede Menge Anregungen zu holen, Fragen zu stellen und sich auszutauschen. Am Ende des Buches schlage ich Ihnen Websites vor, vielleicht wollen Sie sich ja noch weiter mit diesem Thema beschäftigen.

Um den Machtkampf zwischen Eltern und Kind zu durchbrechen, der in einer typischen Konfliktsituation wie »Nein, nein, nein, ich will mir nicht die Zähne putzen!« entsteht, muss zunächst die Spannung aus der Situation herausgenommen werden. Das kann, wie schon erwähnt, durch Lachen und Humor entstehen, aber auch ein spielerischer Umgang kann zielführend sein. Eine Möglichkeit ist, Quatsch mit der Zahnbürste zu machen, eine andere, sie in ein Spielzeug zu verwandeln. Sie können später Zähne putzen, ein Kuscheltier holen und diesem stattdessen gemeinsam mit dem Kind die Zähne putzen, oder es zusehen lassen. Probieren Sie es mit Zahnputzliedern und fragen Sie vor allem das Kind, ob es selbst eine Idee hat. Die Begeisterung darüber wird vielleicht über die Weigerung die Oberhand gewinnen. Und man kann auch einfach mal nicht Zähne putzen. So schnell faulen Zähne nicht, und die Welt geht deswegen auch nicht unter.

Darüber hinaus sind die Grundsätze der gewaltfreien Kommunikation im Umgang mit Kindern hilfreich. Die gewaltfreie Kommunikation ist ein Handlungskonzept, das auf den amerikanischen Psychologen Marshall B. Rosenberg zurückgeht.[128] Die wichtigsten Aspekte sind Empathie und das Vermeiden von Bewertungen. Das hört sich erst einmal einfach an und ist es auch, wenn man die gedankliche Haltung, die dahintersteht, schon verinnerlicht hat. Falls nicht, ist gewaltfreie Kommunikation eine hervorragende Übung, die, wenn man sie immer wieder anwendet, das eigene Leben und das Leben der Menschen, mit denen man lebt, angenehmer macht.

Gewaltfreie Kommunikation besteht aus vier Schritten:

1. Wertfreie Beobachtung
2. Ausdrücken eines empathisch vermittelbaren Gefühls
3. Verbalisieren eines Bedürfnisses
4. Formulieren einer Bitte

In der Praxis sieht das folgendermaßen aus:

1. Teilen Sie Ihrem Kind eine *Beobachtung* mit: »Der Tisch in der Küche ist voller Spielsachen. Es fällt mir schwer, so den Tisch zu decken.«
2. Verbalisieren Sie die *Gefühle*, die das bei Ihnen auslöst: »Ich sorge mich, denn bald kommen Linus und Mama nach Hause, dann gibt es Essen und mir bleibt nicht mehr viel Zeit zum Eindecken. Damit fühle ich mich nicht wohl.«
3. Äußern Sie Ihr *Bedürfnis*: »Mir ist es wichtig, dass der Tisch hier frei ist.«
4. Auf dieser Basis formulieren Sie Ihre *Bitte*: »Ich bitte dich, deine Spielsachen ins Wohnzimmer zu bringen, dann kann ich beginnen, den Tisch zu decken, und wenn du magst, kannst du mir helfen.«

Auch für jüngere Kinder ist dieses Konzept bereits gut verständlich und anwendbar. Es nimmt den Druck aus vielen Alltagssituationen. Dabei geht es nicht darum, immer objektiv zu bleiben oder sofort Lösungen zu finden, sondern so zu kommunizieren, dass sich alle Beteiligten wahrgenommen und in ihrer Würde geschützt fühlen, sodass Kommunikation überhaupt erst möglich wird.

Zu vermeiden sind moralische Urteile, Vergleiche, Verantwortung zu leugnen, Schuldzuweisungen und Handlungen durch Forderungen zu erzwingen. Rosenberg nannte das lebensentfremdende Kommunikation. Vor allem von Bewertungen wie: »Du bist unmöglich! Jetzt liegt schon wieder das ganze Spielzeug auf den Tisch. Du kannst einfach keine Ordnung halten. Wie oft muss ich dir das noch sagen?« geht psychische Gewalt aus. Sie greifen das noch im Werden begriffene Selbstbild des Kindes an und können später im Erwachsenenleben als strenger »innerer Kritiker«, als ständig strafender und abwertender innerer Dialog zu einer Qual werden. Psychoanalytiker sprechen dann von einem Introjekt – Betroffene haben die strenge Erziehung ihrer Eltern verinnerlicht und werden sie nicht mehr los.[129]

Entscheidend ist bei gewaltfreier Kommunikation, die Verantwortung für die eigenen Gefühle zu übernehmen und nicht einfach zu sagen: »Du bist schuld, dass es mir jetzt so geht.« Nie ist ein anderer schuld daran, wie man sich fühlt. Der andere kann keine Gefühle erzeugen, diese entstehen immer und ausnahmslos in einem selbst!

Gewaltfreie Kommunikation vermeidet Eskalationen

Eine ganz besonders subtile Form gewaltvoller Kommunikation ist Schweigen. Ein Kind völlig uninteressiert anzuschweigen ist wie stummes »Schreien« mit Wut im Blick. Hilfreicher ist, mit Kindern über Differenzen oder Sorgen in besonders kritischen Situationen zu sprechen und ihnen zu erklären, dass Sie sich selbst vorübergehend eine Zeit lang aus der Situation ziehen, weil Sie sich beruhigen möchten. Sie schicken nicht das Kind weg, sondern kommunizieren, dass Sie selbst kurz weggehen, weil Sie gerade ratlos sind und nachdenken möchten. Auch dadurch lernen Kinder, dass man durch Nachdenken Lösungen findet, dass man seine Gefühle erkennen und benennen kann und darf, und diese vor allem regulieren kann. All das ist eine lebenslange Aufgabe, und wir alle sollten von Kindern nichts verlangen, was wir selbst nicht können. Auch hier ist die Vorbildrolle der Eltern wichtig.

Manchmal kann es hilfreich sein, zu erkennen, dass Ursache und Auslöser für einen Konflikt oder Ärger nicht immer identisch sind.[130] Wir können gereizt sein, weil der Haushalt uns neben dem Job vor Herausforderungen stellt, doch der unmittelbare Auslöser für einen Konflikt sind heftig streitende Geschwister. Hin und wieder beschreiben neue Eltern, wie sie in einer solchen Situation als Mediatoren[131] auftreten. Auch hier ist gewaltfreie Kommunikation ein nützliches Hilfsmittel, um Eskalationen zu vermeiden. Viele Eltern neigen dazu, als Autorität in einen Konflikt einzugreifen und dann denjenigen zu kritisieren, der gerade das am wenigsten zu tolerierende Verhalten zeigt. »Tom, du hörst sofort auf, deine Schwester zu schubsen.« Doch da Tom bereits in seinem Ärger gefangen ist, wird er möglicherweise auf diese Zurechtweisung samt unausgesprochener Drohung nur mit noch mehr Wut reagieren, und wenn er diese nicht herauslassen kann, mit Selbsthass. Hilfreich kann es sein, Empathie auszudrücken. »Du bist wütend, weil Mia deinen Papierdrachen angemalt hat, und du bist enttäuscht, weil du mit Tom den Drachen basteln wolltest. Habt ihr eine Idee, wie wir das lösen können?«

Das klappt natürlich nicht in jeder Situation. Dann sollten Erwachsene als schützende Autorität eingreifen und den Konflikt beenden, indem sie die Kontrahenten voneinander trennen. Aber es ist auf jeden Fall einen Versuch wert, zuerst die Mediatoren-Lösung zur Anwendung zu bringen.

Nur nachgeben ist auch nicht richtig

Der amerikanische Autor Alfie Kohn analysierte für sein Buch *Der Mythos des verwöhnten Kindes* gängige Erziehungsstrategien.[132] Tatsächlich scheint die Mehrzahl der Eltern noch immer die unbestimmte Angst zu haben, Kinder zu sehr zu verwöhnen. Es gibt auch heute noch sehr viele Eltern und Fachkräfte, die Kinder durch Manipulation und Bestechung zum Gehorsam bringen und unter Druck setzen. Alle diese Methoden gehören in den Bereich seelischer Gewalt und verletzen die Würde des Kindes. Einige stammen sogar aus der Tierdressur: wie etwa die, einen Hund, der seinen Besitzer stürmisch begrüßt und freudvoll an ihm hochspringt, zu ignorieren. Der Hund lernt dann zwar schnell, dass er erst beachtet wird, wenn er sich ruhig verhält, aber das ändert nichts an der Grausamkeit des Ignoriertwerdens. Stellen Sie sich einfach vor, Sie freuen sich wie Bolle über das Heimkommen Ihres Lieblingsmenschen nach einer langen Reise. Sie könnten platzen vor lauter Glück, Sie wollen ihn nur noch umarmen und küssen, hüpfen und springen und wissen nicht, wohin mit all den herrlichen Gefühlen, und dann wendet sich Ihr Lieblingsmensch immer wieder uninteressiert von Ihnen ab. Sie versuchen es wieder und wieder – er dreht sich wieder und wieder weg und ignoriert Sie. Wenn Sie sich dann resigniert, traurig und enttäuscht ruhig auf einen Stuhl setzen, sagt Ihr Lieblingsmensch kühl: »Na, geht doch, warum nicht gleich so?«

Ebenso falsch ist es natürlich, Kindern jeden Wunsch zu erfüllen. Dahinter können unterschiedliche Motive stecken, etwa ein schlechtes Gewissen, weil man als Elternteil zu viel arbeitet, oder ein übersteigerter Perfektionsanspruch als Mutter oder Vater. Doch Kindern alles abzunehmen und zu ermöglichen, schränkt sie massiv in ihrer Selbstentfaltung ein. Um zu lernen, brauchen Kinder soziale Eingebundenheit, Freiräume, Räume im Freien und Herausforderungen. Wenn Kinder ihre Fähigkeiten nicht austesten können, nimmt man ihnen die innere Motivation, Herausforderungen selbst anzugehen und zu meistern, sodass sie kein Gefühl der

Selbstwirksamkeit entwickeln können.[133] Genau diese so bedeutsamen Erfahrungen für Kinder sind es, die sie stark und im Alltag kompetent machen.

Die helfende Hand – aus meinem Beratungsalltag

Eine Frage, die mir Menschen fast täglich stellen, ist die nach der richtigen Erziehung. In meinem beruflichen und privaten Alltag begegnen mir noch weitaus mehr Menschen mit antiquierten Ansichten als solche, die beziehungsorientiert denken und sich einen gewaltfreien Umgang mit ihren Kindern wünschen. Erst vor kurzem war eine Mutter in Begleitung ihrer dreijährigen Tochter bei mir, weil sie auf der Suche nach dem richtigen Kindergarten war. Sie will ihrer Tochter den größtmöglichen Bildungserfolg garantieren und dachte, dafür bräuchte sie ein ganz bestimmtes Förderprogramm in einem ganz besonderen Kindergarten. Ich gab Paula als Beschäftigungsoption ein Körbchen mit Glitzerknete, einen Aquarellblock und Pinselstifte. Kaum hatte sie ihre Finger um die Henkel gelegt, wurde sie aufgefordert, »das Zauberwort« zu sagen. Als ich sagte, dass ihr Lächeln für mich Danke bedeutet, wurde die Mutter ganz klein und fragte, ob es ein Erziehungsfehler sei, von Kindern Höflichkeit einzufordern. Ich reichte meine helfende Hand und verneinte, denn es kommt in meinen Augen nicht auf das Ob, sondern auf das Wie an.

Wie ist das bei Ihnen: Wann hatten Sie zuletzt das Gefühl, »Erziehungsfehler« gemacht zu haben? Jeder Mensch, der mit Kindern zu tun hat, kennt das wohl. Trotz aller guten Vorsätze, trotz aller Arbeit an sich selbst, mit seinem inneren Kind und an der Interaktion mit dem Kind sind wir eben alle nur Menschen. Und Menschen machen nun einmal Fehler! Das kann bedeuten, dass wir ungehalten oder genervt reagieren oder so sehr mit uns selbst oder anderen Dingen beschäftigt sind, dass wir es einfach nicht schaffen, unseren eigenen, meist enorm hohen Ansprüchen gerecht zu werden.

Ich reiche Ihnen meine helfende Hand, indem ich Sie dazu einlade, diese »Fehler« aus einem neuen Blickwinkel zu betrachten. Menschliche Interaktion, gerade jene zwischen Erwachsenen und Kindern, ist naturgemäß ein Feld potenzieller Konflikte. An diesen kann man, wenn man mit ihnen umgeht, auch wunderbar wachsen. Gehen Sie offen mit Ihren Gefühlen um, zeigen Sie sich gesprächsbereit und entschuldigen Sie sich bei jungen und älteren Menschen, wenn Ihnen etwas leidtut. Das gibt Kindern die Möglichkeit, an Ihrem Verhalten mitzuwachsen und etwas über zwischenmenschliche Beziehungen zu lernen. Es ist natürlich und nicht gefährlich, wenn auch geliebte Menschen uns enttäuschen. Wir alle kennen das, es ist in unserer eigenen Kindheit geschehen, es passiert immer wieder auch in Freund- und Partnerschaften. Wenn wir lernen, gelegentliche Enttäuschungen als Teil des Menschseins einzuordnen, die sicheren Beziehungen keinen Abbruch tun, erschaffen wir uns neu. Zusammen mit diesen neuen Eltern und neuen Pädagogen können Kinder stark werden, weil sie lernen, dass nach jedem Regen auch wieder die Sonne scheint.

Die wichtigsten Faktoren für eine gewaltfreiere Welt sind Selbstreflexion der Eltern und ein empathischer, respektvoller Umgang in der Familie. Starre Regeln und Haltungen wie »Wenn mein Kind das macht, reagiere ich immer so« suggerieren zwar die viel gelobte Konsequenz, aber sie engen die Handlungsspielräume ein. Kindliches Verhalten ist selten stereotyp, sondern entsteht aus dem Moment heraus. Je flexibler Eltern und Pädagogen darauf reagieren, umso mehr Raum bleibt für Empathie und dafür, gemeinsam Lösungen zu finden. Neue Eltern versuchen, sich selbst nicht unter Druck zu setzen, denn sie wissen, sie können auch einmal nicht handeln, sie müssen sich nicht gegen den Willen ihres Kindes durchsetzen, nur, weil das früher so proklamiert wurde.

Neue Eltern sind zuverlässig für ihre Kinder verfügbar – sie sind durchschaubar und berechenbar. Zuverlässigkeit in der Begleitung von Kindern ist für die Orientierung zwar wichtig, aber sie muss nicht zu einem starren Korsett werden. Wenn Sie an einem Tag Ihrem Kind erlauben, noch zehn Minuten länger fernzusehen, damit Sie in Ruhe telefonieren können, heißt das nicht, dass Ihre gesamte Konsequenz und Berechenbarkeit für immer dahin ist. Es bedeutet vielmehr, dass Sie Ihr eigenes Zuhause nicht zu einem Kampfplatz machen – und genau darum muss es uns doch im Umgang mit unseren Kindern gehen.

Ein gewaltbewusstes und sicheres Zuhause ist eines, in dem Gefühle ohne Angst ausgedrückt werden dürfen, in dem Bedürfnisse wahrgenommen und Bitten gehört werden. Das heißt nicht, dass Kinder und Erwachsene immer alles bekommen, was sie möchten, aber dass alle grundsätzlich in einer wohlwollenden und zugewandten Umgebung leben, in der jeder eine wichtige Rolle spielt.

KAPITEL 8

Familie, Kita und Schule – Orte der Geborgenheit und Entfaltung

Emotionale Gewalt ist institutionell veranlagt – es ist höchste Zeit für Veränderungen.

In meinem Buch *Seelenprügel* beschreibe ich das Ausmaß psychischer Gewalt, deren Zeuge ich bei meinen Besuchen in über 500 Kitas geworden bin. Dieses Buch musste geschrieben werden.[134] Es hat sich mir förmlich aufgedrängt, so allgegenwärtig waren und sind Beschimpfungen, Drohungen, Demütigungen, Zwang, Erpressung, Manipulation, Ablehnung, Zurückweisung und Vernachlässigung in pädagogischen Einrichtungen. Kitas und Schulen sind alles andere als sichere Orte für das Seelenleben und die Entwicklung von Kindern. Dieses Buch war der endgültige Bruch eines Tabus, um den Blick auf einen Bereich zu lenken, bei dem wir uns als Gesellschaft viel zu viele Ambivalenzen erlauben.

Einerseits ist es uns ein Anliegen, Kinder so wohlbehütet und optimal gefördert wie nur möglich aufwachsen zu lassen. Andererseits wollen wir als Individuen und Gesellschaft, dass beide Elternteile möglichst früh die Gelegenheit haben, wieder arbeiten zu gehen, sowohl aus Gründen der Selbstverwirklichung als auch der wirtschaftlichen Notwendigkeit. Von einem Gehalt allein kann heute kaum noch eine Familie überleben, und selbst mit zweien ist es oft noch mehr als herausfordernd. Gleichzeitig wissen wir, dass eine frühe

Fremdbetreuung für Kinder nicht nur Vorteile, sondern auch Risiken birgt. Es kann zu Bindungsabbrüchen[135] kommen, zu den bereits beschriebenen Entwicklungstraumata und auch zu Erfahrungen psychischer Gewalt. Das hat sowohl etwas mit den charakterlichen Eignungen pädagogischer Vorbilder als auch mit der Struktur von Institutionen wie Kitas und Schulen zu tun.

Oft fehlt es an gut ausgebildetem Personal und auch an räumlichen und finanziellen Ressourcen. Die Fachkräfte, die grundsätzlich mit einem hohen pädagogischen Anspruch antreten, werden schnell aufgerieben in einem System, das von allen viel zu viel verlangt und im Gegenzug viel zu wenig offeriert. So werden Kinder, auch die kleinsten, in vielen Fällen eher verwahrt als gut betreut oder gar liebevoll begleitet, und das nicht selten über den Großteil des Tages. Der Streit über die Fremdbetreuung ist so alt wie die Berufstätigkeit der Frau, doch ich möchte den Fokus weg von den Eltern hin zu den Institutionen und der gesellschaftlichen und politischen Verantwortung lenken.

Der Alltag in Kitas

Eine Erhebung aus dem Juni 2021 zeigt, dass in deutschen Kitas ein Mangel von 173.000 Erzieherinnen herrscht.[136] Aufgrund der akuten Unterbesetzung ist es keine Seltenheit, dass nur eine Fachkraft für 17 Kinder und mehr auf einmal zuständig ist. Wer einmal mehr als ein Kind zwischen drei und sechs Jahren – die Krippengruppen gar nicht erst zu erwähnen – betreut hat, weiß, dass es schlicht unmöglich ist, bei dieser Menge an Kindern jedes einzelne von ihnen überhaupt wahrzunehmen, geschweige denn, auf individuelle Bedürfnisse und Gefühle einzugehen. Das Beste, was unter solchen Umständen machbar ist, ist bloße Verwahrung. Förderung oder empathische Interaktionen sind nicht in einem sinnvollen Ausmaß möglich. Hinzu kommt, dass Erzieherinnen schlecht bezahlt werden und unter enormem Stress stehen, der sich auch daraus ergibt, dass ihnen immer mehr Aufgaben aufgebürdet werden. Nach allem, was Sie nunmehr über den Zusammenhang von Stress und seelischer Gewalt wissen, fällt es Ihnen sicher leicht, sich vorzustellen, wie schnell es in einem solchen Umfeld geschehen kann, dass seelische Gewalt an Kindern infolge von Stressreaktionen an der Tagesordnung ist.

Dazu kommt, dass Kitas abgeschlossene Räume sind. Die Bereitschaft, unter Kollegen gegenseitig achtsam zu sein und sich jeweils zu sagen, wenn man eventuell gewaltvoll mit Kindern umgeht, ist eher gering, da man ja aufeinander angewiesen ist. Den Kindern selbst fehlt es an Möglichkeiten, über das zu berichten, was sie an belastenden Erfahrungen machen. Manche Eltern wollen, auch das gehört zur bitteren Wahrheit, oft nicht hinsehen, weil ihnen der faule Kompromiss zwischen Berufstätigkeit und unbefriedigender Fremdbetreuung unter den gegenwärtigen Umständen durchaus bewusst ist, sie ihn aber lieber verdrängen.

Seelische Gewalt in Kitas hat viele Gesichter. Es kann der Zwang zum Mittagessen oder zum Mittagsschlaf sein, der Drill, der sich unweigerlich ergibt, wenn der Alltag so vieler hilfsbedürftiger junger Menschen institutionell organisiert werden muss. Hinzu kommt die Unberechenbarkeit der kindlichen Entwicklung. Kinder sind eben auch schon Individuen. Die einen spielen möglicherweise friedlich, die anderen möchten Aufmerksamkeit, tragen Konflikte aus oder haben mit anderen Herausforderungen zu kämpfen, für die sie die Begleitung eines Erwachsenen bräuchten. Aber genau die ist in zu vielen Fällen nicht verfügbar, weil die Anforderungen an das Personal zu hoch sind und auch, weil das Bewusstsein für seelische Gewalt oft noch fehlt. Letzteres stelle ich bei meinen Seminaren mit pädagogischen Fach- und Ergänzungskräften immer wieder fest. Die typischen Erziehungsmärchen, die bis heute in den Köpfen mancher Eltern wirken, finden sich teilweise auch noch bei jenen Menschen, die beruflich mit jungen Kindern arbeiten. Man könnte annehmen, es beträfe nur diejenigen, deren Ausbildung länger zurückliegt. Aber auch einige der Jüngeren arbeiten zum Teil mit Überzeugungen, mit denen sie die Entstehung psychischen Missbrauchs tendenziell eher begünstigen statt verhindern. Dazu kommt die räumliche und organisatorische Struktur vieler Kitas. Für freies Spiel, draußen, in der Natur, steht viel zu wenig Zeit zur Verfügung. Vielmehr werden die Kinder in engen Räumen zusammengepfercht und sollen dann möglichst auch noch mit allerlei unterrichtsähnlichen Aktivitäten auf den Schulbesuch vorbereitet werden.[137] Aber gerade dieses freie Spiel ist grundlegend für die Entfaltung als Mensch, es ist die Basis, auf der unsere kommunikativen, kreativen und intellektuellen Fähigkeiten entstehen.

Schulen – Institutionen wider die Kinderrechte?

Sehen wir uns die Schulen näher an, wird die Lage noch dramatischer. Neben teilweise schlecht auf den schulischen Alltag vorbereiteten Lehrern und viel zu großen Klassen gibt es den institutionell gewollten sozialen Selektionsdruck in Form von Noten, Schulformen und ein überaus rigoroses System, das Kinder vor allem als defizitäre Wesen betrachtet, die ständig überwacht und in die Spur gebracht werden müssen. Dagegen kann auch die persönliche Haltung der Lehrenden oft nur wenig ausrichten. Obwohl es inzwischen viele Pädagogen gibt, die eigentlich gerne anders unterrichten wollen, das System ist mächtiger – die rigiden Vorgaben lassen nur wenig Spielraum. Die Lehrpläne, Vorschriften und Notenvorgaben sind starr, auch Lehrende müssen in diesem System vor allem ihre Rolle erfüllen und können weniger pädagogischen Motiven nachgehen, die am Anfang ihrer Berufswahl gestanden haben mögen. Schulen sind noch immer Einrichtungen, deren Produkt möglichst funktionierende und sozial angepasste Individuen sein sollen, bereit für die Verwertung auf dem Arbeitsmarkt. Eine wirkliche Vorbereitung auf das Leben im 21. Jahrhundert mit beispielsweise Achtsamkeitstrainings, Medien- und Konfliktlösekompetenzen oder gar eine individuelle Förderung entlang unterschiedlicher Fähigkeiten findet nicht statt und wenn, dann nur als Beiprodukt oder in extraschulischen Aktivitäten.

Lehrpläne, die nach überalterten pädagogischen Vorgaben arbeiten oder aber immer wieder ungenügend fundierte Methoden wie das »Schreiben nach Gehör« einführen, nur um es wenige Jahre danach wieder abzuschaffen, sorgen für Verwirrung und für eine wachsende Zahl an Kindern, die mit dem System Schule nicht mehr zurechtkommen. Statt diese Warnsignale ernst zu nehmen, werden die Kinder pathologisiert. Die Zahl der Diagnosen von ADHS, Autismus oder den oft absichtlich weit gefassten Wahrnehmungsstörungen nimmt ab der ersten Klasse sprunghaft zu.[138] Auch, weil die Lehrer dann im Rahmen des neuen Inklusionsansatzes darauf hoffen können, eine Integrationskraft als Hilfslehrer zugeteilt zu bekommen und so ein wenig Hilfe im Umgang mit Klassen haben, die nicht selten dreißig Kinder umfassen. Kinder mit unterschiedlichem Lernstand, sehr diversen Lebenswelten und vor allem individuellen Interessen, die an die Oberfläche drängen, können so leicht zu Störfaktoren werden, auf die dann nicht selten mit subtiler oder direkter institutioneller, verbaler und psychischer Gewalt reagiert wird. In meinen Beratungen berichten mir verzweifelte Pädagogen, dass es nicht möglich ist, auf alle Kinder einzugehen, und dass sie, wenn sie mit den Nerven am Ende sind, auch laut werden und Kinder anschreien, damit der Alltag einigermaßen funktioniert und Ruhe im Klassenzimmer ist. Kinder erzählen, sie fühlen sich ungerecht behandelt und glauben, ihre Lehrerin mag sie nicht. Eltern sind oft ratlos, weil sie aus Angst, dass ihr Kind es ausbaden muss, nicht den Mut aufbringen, ein offenes Gespräch mit der Lehrkraft zu führen.

Als wäre das alles nicht genug, gibt es zusätzlich Diagnosen, die einem Kind das Gefühl geben, »mit dir stimmt etwas nicht« – auch das ist emotionale Gewalt, die von einem dringend reformbedürftigen System an ihnen verübt wird. Das geschieht oft nur deswegen, um institutionelle Defizite zu verdecken. Wie sonst ist zu erklären, dass sich immer mehr junge Kinder in Therapie befinden und entsprechende Diagnosen haben? Demnach benötigten im Jahr 2019 rund 823.000 Kinder und Jugendliche psychotherapeutische Hilfe, 104 Prozent mehr als im Jahr 2009.[139]

Von Diagnosen bis zur Verschreibung von Medikamenten ist es nicht mehr weit, obwohl es vielfach schlicht das Umfeld ist, welches das als problematisch empfundene Verhalten der Kinder erzeugt.

Wann haben Sie zuletzt in einem Raum mit dreißig anderen Menschen und den dazugehörigen Geräuschen und Gerüchen versucht, sich etwas zu merken? Wie gut können Sie sich stundenlang konzentrieren, wenn sogar der Toilettengang reglementiert wird und jedes Gespräch mit Ihrem Sitznachbarn einen Tadel erzeugt?

Starre Lehrpläne und ein Fokus auf den Transfer von Fakten statt der wirklichen Vermittlung von Inhalten in Verbindung mit der Abwertung, die in jedem Notensystem steckt, sorgen für ein Klima, in dem sich viele Kinder nicht wohlfühlen und rebellieren. In einem solchen Klima gedeihen Abwertung und Bevorzugung, nicht nur durch Mitschüler, sondern auch durch die Lehrenden selbst. Das hinterlässt Spuren, nicht nur bei den Kindern. Eine breit angelegte Studie aus dem Jahr 2014 zeigte, dass rund 60 Prozent aller Lehrer am Rande eines psychischen oder physischen Zusammenbruchs stehen. Sie sind die Berufsgruppe mit der größten Zahl an psychosomatischen Krankheiten.[140] Lehrende stehen unter hohem Druck – und geben ihn teilweise auch an die Kinder weiter.

Doch nicht die Lehrenden per se machen die Schule zu einem kinderfeindlichen System. Es sind vielmehr die Rahmenbedingungen und Grundsätze, nach denen Schule funktioniert. Der allgegenwärtige Vergleich mit Gleichaltrigen etwa setzt die Kinder einer belastenden Konkurrenzsituation aus, der sie nicht entkommen können. Mobbing und Schulangst wachsen und gedeihen in diesem Klima. Für individuelle Lernwege bleibt kein Platz, der Begriff der Bildung wird auf reine Wissensvermittlung reduziert, für Herzensbildung und individuelles, interessenbasiertes Lernen bleibt keine Zeit.

Fluten von Hausaufgaben lassen Kindern nur wenig Möglichkeit zur Erholung. Nicht wenige müssen am Nachmittag zusätzliche Nachhilfeangebote in Anspruch nehmen, um überhaupt mithalten zu können. Von ihren Eltern können sie oft nur wenig Verständnis erwarten, denn in den letzten Jahren hat sich dem Gefühl nach die

Besessenheit vom Gymnasium als sozialem und einzigem Heilsversprechen noch verstärkt. Anders ausgedrückt: Wessen Kind es nicht auf das Gymnasium schafft, der hat versagt!

Die Freizeit und damit vielfach auch die Kindheit laufen zunehmend Gefahr, auf der Strecke zu bleiben. Der Leistungsdruck wird internalisiert, um ihn aushalten zu können. Auch kommt es immer wieder zu dramatischen Streitigkeiten innerhalb der Familie mit Vorwürfen und Abwertungen, die an das Kind gerichtet werden, dem man Faulheit unterstellt. »Die anderen kriegen das doch auch hin, du musst dich nur mehr anstrengen!« Wie viel subtile, aber pfeilschnelle und schmerzende Gewalt in diesem Satz steckt, lässt sich auch mit dem Abstand eines erwachsenen Selbst noch gut nachempfinden.

Wirkliche Partizipation und auch das Versprechen von Inklusion bleiben häufig reine Lippenbekenntnisse, weil sie sich organisatorisch nicht umsetzen lassen. Inklusion heißt eben nicht, einem Kind mit einer bestimmten Einschränkung einfach ein anderes Arbeitsblatt zu geben und es ansonsten sich selbst zu überlassen. All das bedeutet, dass Kinder im System Schule mitmachen müssen, ohne das Gefühl zu haben, auch nur ein kleines bisschen mitgestalten und beeinflussen zu können. Das demotiviert und frustriert und erzeugt sogenannte »Problemkinder« oder »Schulversager«, die dann rasch aussortiert werden, damit sie den Betrieb nicht stören.

Die positiven und negativen Effekte der Bildungseinrichtungen

Unbestritten ist, dass Kinder aus benachteiligten Familien von einer guten Fremdbetreuung profitieren. Das belegen zahlreiche Studien.[141] Doch dieser Vorteil hängt eben von der Qualität der Betreuung ab, er ergibt sich nicht aus der Betreuung an sich. Kinder, die nur institutionell verwahrt werden, profitieren nicht. Immer wieder wird dann auf den Erwerb sozialer Fähigkeiten verwiesen, die Kinder angeblich nur in Kitas lernen, doch dieser Zusammenhang ist wissenschaftlich nicht haltbar. Kinder brauchen Kinder,[142] das ist richtig, aber das Zusammentreffen mehrerer Kinder muss nicht zwingend in einer Institution stattfinden. Das Sozialverhalten von Kindern hängt entscheidend davon ab, was sie in ihren Herkunftsfamilien erleben, nicht von der Interaktion mit Gleichaltrigen.

Tatsächlich erzeugt schlechte Betreuung gerade in den ersten Lebensjahren sogar mehr Verhaltensauffälligkeiten, statt diese zu verhindern.[143] Festzustellen ist, dass Kindheit heute zunehmend die Abwesenheit der Eltern bedeutet. Viele Kinder erfahren den größten Teil der Welt und sich, während sie in der Kita und später in der Schule sind. Der Einfluss, den Eltern auf ihre Kinder nehmen können, wird allein durch die gemeinsame Zeit begrenzt. Welche Folgen das auf die kindliche Entwicklung und das erwachsene Selbst hat, ist noch nicht ausreichend erforscht und wird sich vermutlich erst in ein paar Jahren zeigen. Letztlich müssen sich vor allem bedürfnisorientierte Eltern vor Augen halten, dass, ganz egal, welche Werte sie leben, sie diese zwar zunehmend auch in den Konzeptionen der Kitas und den Lehrplänen der Schulen wiederfinden, nicht aber in der praktischen Umsetzung. Im schlimmsten Fall heißt das, dass Kinder zu Hause zwar einen sicheren, geborgenen Rahmen vorfinden und in den pädagogischen Einrichtungen vermeintlich scheitern, weil sie gelernt haben, eine Stimme zu haben und für sich einzustehen – also rebellieren, auffällig werden, aussortiert und am Ende pathologisiert werden, nur weil sie stark sind.

Die Neurobiologie hat längst gezeigt, dass Lernen nur dann gelingt, wenn wir durch positive Beziehungen zu anderen dazu motiviert werden.[144] Diese sogenannten Spiegelungs- und Resonanzvorgänge kommen im pädagogischen Alltag, wie er derzeit gestaltet wird, viel zu kurz. Selbst wenn Erziehende und Lehrende die Absicht haben, diese Erkenntnisse in ihre Arbeit zu integrieren, lassen ihnen die institutionellen Rahmenbedingungen oft viel zu wenig Raum dafür. Sie können gar nicht anders, als Kinder in Kategorien wie »normal« und »schwierig« einzusortieren und die Kinder das entsprechend spüren zu lassen. Das ist emotionale Gewalt.

Der Terminus »normal« wird in diesem Zusammenhang definiert als Fähigkeit, sich anzupassen, den institutionellen Anforderungen gerecht zu werden und eigene Bedürfnisse zu unterdrücken. Wem das nicht gelingt, dem begegnen Ablehnung und Abwertung, was für das Selbstbild katastrophale Folgen haben kann. Das Kind wird die Überzeugung verinnerlichen, nicht gut genug zu sein, und so, wie es ist, nicht angenommen zu werden. Kinder suchen sich dann Fluchtmöglichkeiten, durch Tagträumereien, Computerspiele oder andere Beschäftigungen, die ihnen positives Feedback geben. Sie hadern mit sich selbst und entwickeln kein Vertrauen in die eigenen Kompetenzen und Ressourcen. Ein abgelehntes Kind wird die Welt als einen feindlichen Ort erleben und sich mehr und mehr auch so verhalten – ein Teufelskreis, aus dem zu entkommen in späteren Jahren sehr schwierig ist.[145] Offen bleibt dann nur, ob dieser Mensch den daraus entstehenden Frust in Resignation, Selbsthass oder in direkte Aggression verwandelt. Dass viele Kinder scheinbar ohne diese Folgen von der Schule abgehen, ist kein Beweis des Gegenteils, denn die Auswirkungen zeigen sich häufig erst im Laufe des Lebenswegs, wenn der Übergang in Ausbildung oder Beruf scheitert oder sie mit mentalen Schwierigkeiten zu kämpfen haben, für die es zunächst keine Ursache zu geben scheint.[146]

Das System Schule, so wie es jetzt ist, bringt Menschen hervor, die durch den institutionellen Zwang in unterschiedlichem Maße beschädigt werden und sich anschließend schwertun, ihren Platz in der Gesellschaft zu finden oder sich selbst zu akzeptieren. Viele sogenannte gescheiterte Biografien junger Menschen gewinnen so eine ganz andere Bedeutung. Nicht sie sind gescheitert, sondern wir als Gesellschaft haben in der Aufgabe versagt, sie auf das Leben vorzubereiten und zu integrieren. Wer erfolgreich den Übergang zu Universität oder Berufstätigkeit schafft, der leistet das häufig *trotz* der prägenden schulischen Erfahrungen, nicht *wegen* diesen. Die Langzeitfolgen, die Sie aus dem ersten Teil des Buches kennen, können ein Leben dominieren – all das muss aber nicht sein, wir können es ändern!

Private Betreuung und Beschulung – aber nur für manche

Umfragen zeigen, dass rund 80 Prozent aller Eltern ihre Kinder privat betreuen und unterrichten lassen würden, wenn sie es sich leisten könnten.[147] Das bedeutet, dass immer mehr Menschen, vor allem mit hohem Einkommen, ihre Kinder vorrangig in private Institutionen geben[148] und dadurch selbst wenig Erfahrung mit staatlichen Einrichtungen haben. Das müssen wir uns immer wieder in Erinnerung rufen, wenn es um die staatliche Unterstützung für Kitas und Schulen sowie die gesetzlichen Rahmenbedingungen geht. Solange Eltern und Lehrer keinen politischen Druck ausüben, wird sich wenig ändern und die gesellschaftliche Spaltung auch auf der Bildungsebene fortschreiten.[149] Die Hoffnung, dass sich dieses System von oben nach unten selbst reformiert oder die Politik sich das Problem auf die Agenda schreibt, ist eine Illusion auf Kosten der psychischen Unversehrtheit unserer Kinder.

Die Antwort kann jedoch nicht lauten, dass ein Elternteil, vorrangig wieder die Mütter, zu Hause bleiben muss und die Betreuung übernimmt. Auch bei den Schulen sieht es heute so aus, dass die Kinder, mit denen ein Elternteil am Nachmittag üben und Inhalte vertiefen kann, einen eklatanten Vorteil[150] gegenüber Kindern haben, die auf sich alleine gestellt sind. So verfestigen sich Herkunftsdeterminationen – der soziale Aufstieg wird für viele Kinder aus ärmeren oder bildungsfernen Schichten immer schwerer und über die Hälfte der Eltern in Deutschland sind mit dem Schulsystem unzufrieden.[151]

Private Kitas und Schulen können sich den Luxus kleiner Klassen und damit des individuellen Lernens leisten. Hier ist oft mehr Platz für die jeweiligen Bedürfnisse und Fähigkeiten einzelner Kinder, auf sie kann eingegangen und Rücksicht genommen werden. In meinen Beratungen, in denen es überwiegend um freudvolles, erfolgreiches und nachhaltiges Lernen geht, rate ich verzweifelten und finanziell gut gestellten Eltern oft zu einem Kita- oder Schulwechsel, denn nach meiner Beobachtung erfahren sowohl Kinder als auch Eltern in privaten Einrichtungen sehr viel häufiger die notwendige Resonanz für erfolgreiches Lernen und sind in der Folge auch tatsächlich erfolgreicher. Für alle anderen bleibt der harte Kampf um seelische Integrität und den Erhalt der eigenen Würde in einem System, das auch aufgrund der Rahmenbedingungen wie Raum- und Personalmangel gerade darauf keine Rücksicht nehmen kann und zuweilen auch nicht möchte. Nicht, weil es nicht möglich wäre, das zu ändern, sondern weil wir es uns als Gesellschaft einfach nicht leisten wollen, Kitas und Schulen zu menschenfreundlichen Institutionen zu machen, aus denen Kinder nicht nur möglichst unbeschadet, sondern gestärkt und auf das Leben vorbereitet hervorgehen. »Friss oder stirb«, der Ausdruck ist in diesem Zusammenhang nicht zu drastisch gewählt. Diese Mentalität entfaltet eine starke Wirkung in den Seelen jener, die ihr ausgeliefert sind. Nur, weil wir das als Normalität erachten, was wir häufig selbst als Kinder und Schüler erlebt und überlebt haben, heißt das nicht, dass diese Art der Pädagogik angesichts des aktuellen Forschungsstands, der belegt, dass die Basis für Bildung gelingende Beziehungen[152] sind, nicht dringend zu reformieren und mit anderen Ressourcen auszustatten ist. Auch und gerade, weil wir angesichts intensiver globaler Herausforderungen wie unter anderem der Digitalisierung darauf angewiesen sind, nicht nur eine kleine Elite junger Menschen hervorzubringen, die auf sich selbst und ihre innovativen Fähigkeiten vertrauen, sondern wirklich alle mit auf die Reise in die Zukunft nehmen müssen.

Die helfende Hand – aus meinem Beratungsalltag

Ein Großteil meines Lebens besteht in der Beschäftigung mit Gewalt, die durch pädagogische Fachkräfte in Kitas und Schulen ausgeübt wird. Darüber habe ich das Buch Seelenprügel geschrieben. Ich stelle in diesem Buch anhand zahlreicher und zum Teil sehr drastischer Beispiele dar, wie viel Gewalt viel zu viele Kinder in Kitas erleiden, und zeige Wege auf, was wir alle dagegen tun können. Hand auf mein Herz – es ist eine mühsame und langwierige Angelegenheit, doch ich werde nicht müde, weil unsere Kinder es einfach wert sind. Meine helfende Hand, die ich Ihnen an dieser Stelle anbiete, besteht darin, Ihnen Mut zu machen und Sie zu bitten: Reden Sie – machen Sie den Mund auf und beziehen Sie Stellung, wenn Sie das Gefühl haben, dass Ihr Kind in Kita oder Schule nicht gut aufgehoben ist. Schauen Sie genau hin, achten Sie auf Signale Ihres Kindes, vertrauen Sie Ihrem Gefühl und wagen Sie es, Kritik am System oder an einzelnen Pädagogen anzubringen. Ich spreche mit vielen Eltern und Pädagogen und höre viel zu häufig, dass sie sich nicht trauen, beobachtetes Fehlverhalten anzusprechen, weil sie Sanktionen befürchten. Bitte seien Sie ein Teil der Veränderung. Auch in Kitas und Schulen machen Menschen Fehler, aber speziell an diesen Bildungsorten brauchen sie die Haltung, den Willen, die Kompetenz und das Durchhaltevermögen, gewaltfrei zu agieren.

Das von mir häufig beobachtete und in Gesprächen auch bestätigte Schweigen steht übrigens in einem krassen Widerspruch zu den Meldungen, Eltern würden heute beim kleinsten Anlass Kitas und Schulen verklagen. Die meisten Eltern halten einem Scheinfrieden zuliebe still – Sie auch? Und wenn ja, finden Sie das zielführend?

Was können wir tun?

Ich habe den Eindruck, dass sich alle Eltern wünschen, Kitas und Schulen zu Orten zu machen, die für eine fortschrittliche Pädagogik gemäß aktuellem Wissensstand stehen. Doch sie sind damit häufig auf sich allein gestellt. Wer es dennoch versucht, hat bald das Gefühl, gegen Windmühlen zu kämpfen. Tatsächlich ist es falsch, Kitas und Schulen samt Personal pauschal zu verurteilen. Vielmehr sollte man im individuellen Miteinander versuchen, neue Räume des Verständnisses und des Austauschs zu schaffen, die den Kindern zugutekommen. Das verlangt sowohl den Eltern als auch den Pädagogen einiges ab und ist nicht immer erfolgreich. Doch es scheint die einzige Möglichkeit zu sein, einen Kulturwandel von innen heraus herbeizuführen. Zusätzlich brauchen wir eine gesamtgesellschaftliche Debatte mit offenem Ausgang darüber, welche Art von institutioneller Pädagogik wir uns leisten wollen, sonst wird die leise Abwanderung wohlhabender Familien in private Einrichtungen fortschreiten und im öffentlich schulischen Bereich bleibt alles, wie es schon immer war.

Die meisten Menschen, die in Kitas und Schulen arbeiten, sind mit echtem Herzblut dabei und teilen, ob im Stillen oder nicht, die Kritik vieler Eltern. Ziel muss sein, Verbündete in Form anderer Eltern und unterstützender Pädagogen zu finden und für eine große gemeinsame Sache zu kämpfen, statt die Gräben zwischen diesen beiden Gruppen, die gerade in den letzten Jahren verstärkt entstanden sind, immer weiter zu vertiefen. Bislang schieben sich die Seiten wechselseitig die Schuld zu, wenn ein Kind im System nicht so funktioniert, wie es soll. Darunter leidet das Kind am meisten. Aus dieser Sackgasse gilt es auszusteigen, individuell und als Gesellschaft. Nicht mit den Kindern ist etwas falsch, sondern mit der Art, wie viele betreut, erzogen und unterrichtet werden. Wie soll ein junger Mensch lernen, an sich zu glauben und das Positive an sich und in der Welt zu sehen, wenn das gesamte Bildungssystem sich bei ihm auf Fehlersuche begibt? In meiner Praxis erlebe ich täglich Menschen mit Prüfungsangst. Menschen, die keine Fehler machen wollen und sich als defizitäre Wesen sehen. Wenn man von Kindesbeinen an Bewertungen ausgesetzt ist, scheint das die wenig verwunderliche Folge zu sein. Zugegeben, es ist schwierig, im Zusammenhang mit Institutionen, auf die Eltern gefühlt nur wenig bis gar keinen Einfluss nehmen können, von sicheren Räumen zu sprechen. Und selbstverständlich erlebt nicht jedes Kind Gewalt. Ich habe allerdings in den vergangenen Jahrzehnten die Erfahrung gemacht, dass sehr viele Kinder in Kitas und Schulen in irgendeiner Weise seelische Gewalt erfahren, allein schon dadurch, das sie gewaltvolle Szenen beobachten müssen. Wenn ein Kind, warum auch immer, von einem Pädagogen angeschrien wird, dann ist nicht nur das gedemütigte Kind betroffen, sondern auch alle anderen Kinder. Wir Menschen verfügen über Spiegelneurone[153] in unserem Gehirn und fühlen das, was ein anderer fühlt. Freude und Schmerz – wir teilen alles miteinander, und das kann Segen oder Fluch sein.

Eine konkrete Handlungsmöglichkeit ist, sich als Eltern aktiv in die Gestaltung der Lebenswelt in Kita und Schule einzubringen, ganz im Sinne einer Bildungs- und Erziehungspartnerschaft.[154] Viele Schul- und Kita-Konzeptionen beinhalten bereits eine auf die Bedürfnisse der Kinder ausgerichtete Pädagogik, zu der auch die Zusammenarbeit mit Eltern gehört. Nur werden diese modernen Konzepte noch nicht ausreichend umgesetzt. Hier können Eltern als Anwälte ihrer Kinder auftreten, zusammen mit den Pädagogen die Verantwortlichen in die Pflicht nehmen und Wege für ein gewaltbewusstes Miteinander suchen.

Alle Beteiligten profitieren von einer gelebten Bildungs- und Erziehungspartnerschaft. Deren Bedeutung wird sowohl in der Kita als auch in der Schule immer größer – das ist genau die Chance, die Eltern für ihre Kinder nutzen sollten, um das Bildungssystem von innen heraus zu verändern. Statt die Bildungsinstitutionen als Dienstleister zu verstehen, können Eltern eine gleichberechtigte Bildungs- und Erziehungspartnerschaft einfordern und gestalten. Fragen Sie in Ihrer Kita oder Schule einfach einmal nach Konzepten für Elternarbeit. Nach gesetzlichen Grundlagen müssen sie längst geschaffen sein. Ich bin mir sicher, dass die Konzepte längst fertig zumindest in den Schubladen liegen. Jetzt dürfen sich Pädagogen und Eltern in der Praxis an die Umsetzung wagen. Wenn alle Beteiligten wohlwollend zusammenarbeiten, dann können durch beziehungsorientierte Eltern, Kitas und Schulen sichere Räume für Kinder gestaltet werden. Ich trete auch dafür ein, Kitas zu Orten zu machen, in denen aktiv zum Spielen und

Mitgestalten eingeladen wird. In vielen Kitas geht die Erziehungs- und Bildungspartnerschaft inzwischen weit über das Kuchenbacken für den Weihnachtsbasar hinaus. Es gibt dort Vorlesepaten, Eltern, die Spielzeuge bauen, in den Kitas ihre Berufe vorstellen, und jede Menge freudvoller Ausflüge und Unternehmungen, an denen Kinder, Eltern und Fachkräfte gemeinsam partizipieren. Nicht nur die Pädagogen, sondern auch die Eltern sind aufgerufen, diese Orte noch viel mehr mitzugestalten, und zwar sowohl räumlich als auch im Sinne der gebotenen Aktivitäten.

Sichere Räume bietet auch das Konzept der Lebensweltorientierung,[155] denn es hilft Pädagogen, professionelle Empathie im Umgang mit den Herkunftsfaktoren und individuellen Ressourcen der Kinder zu entwickeln. Dieses Konzept ist in vielen Bildungsplänen bereits verankert, wird aber oft noch nicht ausreichend berücksichtigt und praktisch umgesetzt. Auch dies ist ein guter Ansatzpunkt für Eltern und Pädagogen, Kita und Schule im Sinne ihrer Kinder zu verändern.

Zeigen Sie Ihrem Kind immer wieder, dass Sie jederzeit ein offenes Ohr haben, hören Sie zu, wenn es von seinem Alltag in der Kita oder in der Schule erzählt. Seien Sie auf der Basis dieser Erzählungen mutig genug, Missstände anzusprechen und Verbesserungsvorschläge bei Erziehern und Lehrern anzubringen. Begehen Sie nicht den Fehler, Ihrem Kind die Schuld daran zu geben, wenn es nicht den gewünschten Erfolg hat, sondern erhalten Sie in diesem Fall seinen Selbstwert durch Zuspruch und Fokus auf seine ganz individuellen Talente und Fähigkeiten, die es außerhalb der Schule erblühen lässt. Schaffen Sie entsprechende Bezugspunkte und Räume für Resonanz, durch Hobbys, Freizeitaktivitäten und Kontakt mit Menschen, die Ihnen und Ihrem Kind gegenüber wertschätzend auftreten und nicht bewerten wollen oder müssen.

Ein wirkliches Wechselspiel sicherer Orte werden wir erst haben, wenn die Bereitschaft der Gesellschaft wächst, die Dreigliedrigkeit unseres Bildungssystems zu reformieren. Erst dann werden Kitas, Schulen und Familien in ständigem Austausch stehen, sich gegenseitig achten und vor allem auf sich achten. Das kostet Zeit, Geld, Mut und bedarf nicht zuletzt eines positiven Blicks auf Kinder. Deutschland kann es sich locker leisten, seine staatlichen Einrichtungen ebenso gut auszustatten wie die privaten. Allein, es fehlt der politische Wille, denn Kinder wählen nicht, und junge Familien sind in einer überalterten Gesellschaft eine Minderheit. Wir brauchen mehr Aufklärung über emotionale Gewalt und ihre Folgen und viel mehr Unterstützungsangebote in Form von Kursen und Beratungen für alle Menschen, die mit Kindern zu tun haben. Ich meine damit nicht nur die klassische Erziehungsberatung, sondern vielmehr Möglichkeiten der Selbsterfahrung durch Biografiearbeit und vor allem Entlastungen für Familien.

Mit meiner täglichen Arbeit versuche ich bereits seit ungefähr dreißig Jahren, meinen Beitrag zu leisten, indem ich Aufklärung anbiete, Eltern und Fachkräften eine helfende Hand durch Beratungen, Fort- und Weiterbildungen reiche und sie auf ihrem Weg, eine gewaltbewusste Haltung anzunehmen, begleite. Um all das noch mehr Menschen zugänglich zu machen, habe ich 2020 die Stiftung Gewaltfreie Kindheit gegründet.

Ich vertrete eine positive Pädagogik, weg von alten Glaubenssätzen hin zu den Erkenntnissen aus Wissenschaft und Forschung und einem positiven und inklusiven Menschenbild. Ich bin häufig erstaunt bis erschrocken darüber, wie wenig Wissen Menschen, die mit Kindern arbeiten, in ihren Ausbildungen über deren Psyche und Entwicklungsprozesse vermittelt wurde. Auch hier braucht es Aufklärung und einen offenen Diskurs mit allen Verantwortlichen, damit Ausbildungsinhalte an Fachakademien und Universitäten ergänzt werden. Das Wissen zu all diesen Entwicklungen ist längst vorhanden, ebenso die Erkenntnis, dass die bisherigen Methoden nicht mehr zeitgemäß sind. Jetzt müssen zunächst Eltern in den Familien und pädagogische Fachkräfte in Kitas und Schulen nur noch den Wandel als solchen zustande bringen. Nicht nur die heutigen Kinder und zukünftigen Generationen, sondern auch wir als Gesellschaft werden davon immens profitieren, wenn wir das schöpferische Potenzial junger Menschen in seiner Vielfalt und Gänze anerkennen und zur Entfaltung bringen.

Wir werden eine offenere, kreativere, zufriedenere, erfolgreichere und selbstbewusstere Gesellschaft sein, wenn wir endlich nicht länger in Kauf nehmen, dass Kitas und Schulen seelische Verletzungen ignorieren und viele Kinder in ihrer Entwicklung eher hemmen als fördern. Machen wir das Zusammenspiel von Eltern, Kitas und Schulen möglich, um sichere Orte für unsere Kinder zu garantieren!

KAPITEL 9

Mission Kinderschutz – weil es uns alle angeht

Wenn jeder Erwachsene Verantwortung übernimmt, wird aus der Vision einer gewaltfreien Welt für Kinder eine gemeinsame Mission.

Wenn wir Kinder vor emotionaler und psychischer Gewalt zu Hause, in Kitas oder in der Schule wirklich und nachhaltig schützen wollen, dann brauchen wir das gemeinsame, aktive Mitwirken aller Beteiligten: Eltern, pädagogischer Fachkräfte, Politiker und ganz klar auch der Öffentlichkeit als Gesamtheit.

Die Corona-Pandemie hat gezeigt, wie schnell speziell die Bedürfnisse von Kindern vergessen werden, wenn andere Interessen, vor allem wirtschaftliche, in den Vordergrund treten. Ohnehin sind unsere Kinder fast überall Opfer der Ökonomisierung unseres Alltags. Die Möglichkeiten, sich frei und unbefangen zu entwickeln und Kind zu sein, reduzieren sich ständig.[156] Das echte, aber laute Lachen und Spielen von Kindern wird oft als Lärm empfunden. In der Kita und in der Schule sollen sie lernen, sich strikt nach Vorgaben zu entwickeln, sind massiv gefordert, Fortschritte zu machen und ständig Leistung abzuliefern. Aber für das freie und fröhliche Spiel, das zentral ist für unser Menschsein, für unsere Kommunikations- und Kooperationsfähigkeiten, bleibt immer weniger Raum und Zeit. Wir sparen auf schier unglaubliche Weise an unseren Kindern und erwarten, dass sie all das in ihrer Entwicklung einfach so abfangen und uns möglichst nicht noch zusätzlich Schwierigkeiten machen. Wir ökonomisieren ihre Kindheit und ihr Aufwachsen und pathologisieren ihre Reaktionen darauf. Diese düstere Bestandsaufnahme wurde durch die Corona-Pandemie noch einmal bestätigt. Genau das sind die Stellschrauben, an denen wir als Gesellschaft dringend drehen müssen, um Kindheit für unsere Kinder wieder zu einem geschützten Entwicklungsraum zu machen. In den letzten Jahren hat sich der Trend durchgesetzt, Kinder immer früher zu fördern,[157] in engen Leistungskurven zu verorten und entsprechend von einer Fehlentwicklung zu sprechen, sobald sie diesen engmaschigen Vorgaben nicht entsprechen. Ich hingegen plädiere dafür, Kinder Kinder sein zu lassen! Jedes Kind ist individuell, genau wie seine Entwicklung.

Zudem muss es eine gesamtgesellschaftliche Debatte geben, wie viel Arbeit wir uns auf Kosten unserer Kinder leisten wollen. Noch immer orientieren sich die Arbeitszeiten an den Vorgaben der jeweiligen Betriebe statt an den Bedürfnissen der Familien. Längst hat die Digitalisierung den Freiraum eröffnet, dass Eltern ihre Arbeitszeit verkürzen könnten, wie skandinavische Länder es bereits vorleben. Eltern sind nun einmal die wichtigsten Bezugspersonen im Leben eines Kindes, ohne diese spezielle Bindung kann keine Entwicklung geschehen. Diese Debatte müssen wir führen, denn im Moment leisten wir uns eine starke Wirtschaft auf Kosten der psychischen Gesundheit und der Entwicklung unserer Kinder wie auch der Doppelbelastung der Eltern, vorrangig der Mütter. Das ist ein extrem hoher Preis, den wir als Gesellschaft bezahlen, und es ist höchste Zeit, dass wir ihn endlich benennen.

Kinderrechte in den Familien

Familien sind jener Ort, an denen Kinderrechte wie das Recht auf emotionale Gewaltfreiheit aus dem Bürgerlichen Gesetzbuch am häufigsten verletzt werden, denn es ist in den meisten Familien noch immer üblich, Kinder beispielsweise zu schimpfen. Die Anliegen der Menschen in meinen Beratungen als auch ein Blick auf die Ratgeberliteratur bestätigt: immer mehr Menschen suchen nach Möglichkeiten, gewaltfrei zu sein, aber es gelingt äußerst selten. Sicherlich liegt uns das Wohl der Kinder am Herzen. Doch Überforderung, Lebenssituationen, fehlende Unterstützung und andere Begleitumstände wie Krankheit und weitere Herausforderungen können dazu führen, dass Eltern und Fachkräfte diesem Anspruch nicht immer gerecht werden können. Es fehlt noch immer an Information und Aufklärung sowie an Hilfsangeboten und Beratung. Das trifft vor allem auf Alleinerziehende, Eltern mit Migrationserfahrung, Familien mit Krankheits- oder Suchtgeschichten oder anderen Belastungen wie Armut zu. Hier mangelt es häufig am Wissen über Kinderrechte und an der Kompetenz, sich Hilfe zu suchen. Starke Gefühle von Scham und Angst kommen hinzu, sie erschweren es Eltern und Fachkräften, sich Hilfe zu holen.

Zudem gibt es keinen Rechtsanspruch auf frühe Hilfen im Sozialgesetzbuch, sodass diese niedrigschwelligen Unterstützungs- und Beratungsangebote nicht allen Eltern kostenfrei zur Verfügung stehen, wenn Eltern an ihre Grenzen kommen.[158] Das trifft auch und besonders auf Kinderbetreuungsangebote zu, die Familien entlasten könnten. Zugleich zeigen sich gerade bei diesen Betreuungsangeboten häufig noch Mängel bei der notwendigen Qualität, um die Wahrung der Kinderrechte sicherzustellen. Auch findet vielerorts nicht der erforderliche Austausch zwischen den pädagogischen Fachkräften und den Eltern im Sinne einer Bildungspartnerschaft statt.

In einigen Orten hat der Ausbau von Kindertagesstätten zu Familienzentren bereits begonnen, doch solche Einrichtungen werden in naher Zukunft nicht flächendeckend zur Verfügung stehen. Unsere große gemeinsame Vision muss es sein, Anlaufstellen für alle Sorgen und Probleme von Familien zu schaffen, sodass Familien Unterstützung finden. Aus dieser Vision müssen wir in der Folge als Gesellschaft unbedingt auch eine übergreifende Mission machen, weil es uns eben alle angeht. Familien dürfen mit ihren vielen Fragen und zahlreichen Schwierigkeiten nicht mehr alleine gelassen oder schlimmstenfalls sogar stigmatisiert, sondern müssen stattdessen abgeholt und unterstützt werden. Nur dann kann es uns gemeinsam gelingen, Kinder aktiv zu schützen und bedarfsgerecht zu fördern.

Im Moment fehlen jedoch bundesweite, niedrigschwellige konkrete Programme, in denen Erwachsene und Kinder über Kinderrechte ausreichend und praxisnah aufgeklärt werden: Briefe, YouTube-Beiträge, Fernsehspots, Social-Media-Kampagnen, in denen Eltern und Fachkräfte über Hilfsangebote und die Möglichkeit friedvoller Begleitung informiert werden. Es geht dabei vorrangig darum, insgesamt ein Bewusstsein dafür zu schaffen, wie eine gesunde Kindheit aussieht, und wie wir als Gesellschaft emotionale Gewalt verhindern können.

Kinderrechte in Kita und Schule

Etwa 90 Prozent aller Kinder besuchen ab dem dritten Lebensjahr einen Kindergarten, ein immer größer werdender Teil früher auch schon eine Kinderkrippe.[159] Das bedeutet, dass viele Kinder bereits ab dem ersten Lebensjahr in einer Kita oder bei einer Tagespflegeperson betreut werden. Hier machen Kinder die ersten sozialen Erfahrungen außerhalb der Familie und lernen Werte kennen. Diese Werteerziehung ist sogar im Kinder- und Jugendhilfegesetz verankert.[160] Im Alltag vieler Kitas spielen Kinderrechte jedoch eine eher untergeordnete Rolle. Das liegt auch, aber nicht nur an dem viel zu geringen Personalschlüssel, überwiegend liegt es an fehlendem Bewusstsein und an der Haltung, dass Erwachsene für Kinder entscheiden. Kinder werden zu wenig miteinbezogen, ihre Interessen und Bedürfnisse zu selten gehört und noch seltener in die pädagogischen Konzepte integriert. Für echte Partizipation der Kinder im Alltag der Kita bleibt zu wenig Zeit, dabei wäre das, etwa im Zusammenhang mit Ruhezeiten und Mahlzeiten, eine hervorragende Gelegenheit, um mit den Kindern Mitbestimmung zu üben. Die Kinder könnten auf diese Weise entscheiden, was und wie viel sie essen und ob und wie lange sie ausruhen möchten.[161] Echte Partizipation bedeutet nicht nur, dass Kinder dann essen, wenn sie Hunger haben, sondern sie hätten auch die Möglichkeit abzustimmen, welche Speisen angeboten werden. Meine Erfahrungen der beinahe letzten dreißig Jahre haben mir gezeigt: Mittels Bildkarten klappt das auch schon bei den Jüngsten in der Krippe. Bedenken, Kinder würden nur Vanilleeis bestellen, sind unbegründet – ich habe das in all den Jahren, in denen ich Kitas berate, nie erlebt. Was ich hingegen erfahren habe, ist, dass die Teilhabemöglichkeiten der Kinder ausschließlich von den Haltungen der Fachkräfte abhängen. Das betrifft nicht nur Essen und Schlafen, es geht vielmehr um sämtliche Bereiche, die ein Kind betreffen – erwartungsgemäß sind das in einer Kita nahezu alle. Für mich ist es eindeutig Gewalt, wenn der vierjährige Lukas beim Anziehen lautstark zurechtgewiesen wird, dass er sich nicht wie ein Krippenkind benehmen und nun endlich seine Matschhose anziehen soll. Das soll er tun, obwohl er klar und deutlich gesagt hat, er will keine Matschhose anziehen, weil ihm warm ist. Das ist alles andere als die Umsetzung des Kinderrechtes, aber es ist weitgehend Normalität in Kitas.

Noch komplizierter wird es, wenn es um Kinderrechte in der Schule geht. Kinder verbringen einen großen Teil ihres Alltags in der Schule. Schulen sind per se sehr viel mehr als bloße Orte des Lernens, sie sind vorrangig auch Orte der Begegnung. Vielfach werden sie diesem Anspruch jedoch noch nicht gerecht. Die UN-Kinderrechtskonvention legt fest, dass Schulen sowohl Orte der Bildung als auch der Chancengleichheit sein müssen. Bildung muss kostenlos sein und in Verbindung mit Erholung zur Verfügung stehen. Gerade, wenn Schulen mehr und mehr zu Ganztagsschulen werden, müssen sie als Orte der Begegnung völlig neu gedacht und Kinder von Anfang an in ihre Konzeption aktiv mit eingebunden werden. Initiativen wie beispielsweise »Schule im Aufbruch«[162] zeigen, wie der Paradigmenwechsel aussehen kann und wie Schulen zukunftsfähig werden. Schulen müssen zu Orten von Kindern für Kinder werden. Das erfordert ein Umdenken in den Köpfen der Erwachsenen, darin liegt die größte Herausforderung für Lehrer und Eltern. Schließlich ist Bildung der Schlüssel für den Erfolg der Zukunft. Die Sorge davor, etwas falsch zu machen, nicht die richtigen Entscheidungen zu treffen und dadurch Kinder nicht gut auf die Zukunft vorzubereiten, ist riesig, was absolut nachvollziehbar ist. Doch die Bestandsaufnahme aus dem vorangegangenen Kapitel zeigt, dass wir tatsächlich eine Menge falsch machen und viele Kinder definitiv nicht optimal gefördert, sondern viel zu oft beschämt und ausgegrenzt werden. Wenn wir also den Mut hätten, einen echten Paradigmenwechsel einzuleiten, dann könnten in den Schulen Kinder heranwachsen, die nicht nur auf ihre eigenen Bedürfnisse Rücksicht nehmen, sondern auch auf jene der anderen. Sie würden dadurch vielleicht zu Menschen, die diese Welt in einen besseren Ort verwandeln können.

Eines ist klar: Die Wege der Vergangenheit haben eindeutig ausgedient! Diese Wege beinhalten immer noch viel zu oft seelische Gewalt in Form von Demütigung, Beschimpfungen, verbaler Aggression, Drohungen, Bloßstellungen und Erpressungen, die für gute Erziehung gehalten werden, die aber nichts anderes sind als Gewalt und die in den Seelen von Kindern entsprechende Spuren hinterlassen.

Von der Vision zur Mission

Eine gewaltfreie Zukunft ist möglich, allerdings nur über mehrere Etappen. Sie können sich die Vision einer gewaltfreien Zukunft vorstellen wie eine Treppe, die wir gemeinsam erklimmen. Mit jeder Stufe kommen wir dem Ziel ein wenig näher, doch ganz oben ankommen können wir nur gemeinsam und nur dann, wenn wir alle mitnehmen! Das bedeutet, dass wir uns gegenseitig bei diesem anstrengenden »Aufstieg« unterstützen müssen. Es reicht nicht, wortgewaltig von Gewaltfreiheit und Bedürfnisorientierung zu sprechen. Wir brauchen ein gesamtgesellschaftliches Umdenken, einen echten Paradigmenwechsel, und dieser funktioniert nicht über Lippenbekenntnisse. Er erfordert den Abschied von lieb gewordenen Überzeugungen, die Teil unserer Identität sind, sowohl als Individuen und auch als Gesellschaft.

Wir alle, gemeinsam, konstruieren unsere gesellschaftliche Wirklichkeit – wir tragen die Verantwortung und treffen Entscheidungen. Wir sind die Erwachsenen, die es besser wissen – nicht die Kinder. Wir sollten uns beim gemeinsamen Erklimmen der Treppe von den folgenden Glaubenssätzen für immer verabschieden:

- Erwachsene wissen besser, was gut für Kinder ist, als Kinder selbst.
- Es gibt Kinder, die Tyrannen sind.
- Gute Kinder gehorchen, böse Kinder machen, was sie wollen.
- Zu viel Aufmerksamkeit macht Kinder zu Nervensägen.
- Kinder, denen man zu viel Freiheit lässt, kommen auf die schiefe Bahn.

All das sind nur ein paar der Meinungen, die bisher überwiegend unreflektiert in unseren Köpfen überlebt haben. Sie bilden oft noch überwiegend das Fundament für Erziehung. Die Glaubenssätze variieren manchmal, je nachdem, welcher Kultur oder Generation Menschen angehören, doch die Schnittmenge bleibt die gleiche. Wir stellen unsere Glaubenssätze zu selten infrage, obwohl bei genauerer Betrachtung viele von ihnen Ansätze seelischer Gewalt beinhalten. Der erste Schritt auf unserer Mission zur Gewaltfreiheit ist es, diese Glaubenssätze zu hinterfragen, sie aufzulösen und für immer zu entsorgen. Sie sind nicht dafür geeignet, Kinder zu seelisch gesunden Erwachsenen zu machen.

Der zweite Schritt ist, das Wohlergehen der Kinder im Umgang mit ihnen und auch bei allen Entscheidungen zur obersten Priorität zu machen. Bislang werden Kinder in Institutionen mit Rahmenbedingungen gepresst, die anderen Interessen dienen – der Wirtschaft, den Bedürfnissen und dem Identitätsverständnis der Eltern und auch unserer allgemeinen Idee von Bildung. Ein neuer Weg könnte sein, all diese Bereiche mehr und mehr den wahren Bedürfnissen der Kinder anzupassen. Das kann gelingen, indem wir sie schlicht und einfach fragen: »Was braucht ihr?«

Adultismus ade – Kinder wissen, was sie brauchen

Der Neurobiologe Gerald Hüther[163] weist in seinen Büchern darauf hin, dass Kinder keine kleinen Erwachsenen sind und wir sie auch nicht als solche behandeln sollten. Kinder sind perfekt dafür vorbereitet, Kinder zu sein. Je nach Entwicklungsphase verändern sich ihre Bedürfnisse und dementsprechend ihr Verhalten. Sobald wir in ihnen kleine Erwachsene sehen, zwingen wir sie bereits in ein gewaltvolles Verhältnis. Ebenso gewaltvoll ist in diesem Zusammenhang auch der sogenannte Adultismus. Dieser Begriff beschreibt eine besondere Form der Diskriminierung, die Erwachsene gerne gegenüber Kindern betreiben, wenn sie davon ausgehen, dass sie selbst allein aufgrund ihres höheren Alters intelligenter, kompetenter oder schlicht besser sind als Kinder und Jugendliche und sich daher über deren Meinungen und Ansichten salopp hinwegsetzen dürfen. Zwischen Erwachsenen und Kindern besteht ein »natürliches« Machtgefälle, in dem alle Macht bei den Erwachsenen zu liegen scheint. Die Bedürfnisse, Wünsche und Ansichten von Kindern werden dann oft nicht gehört oder als nicht wichtig betrachtet. Adultismus ist Diskriminierung und findet sich überall dort, wo Erwachsene auf Kinder treffen, also in Kitas, Schulen und natürlich auch in vielen Familien. Auch hier gilt: Viele handeln unreflektiert, wenn sie Sätze aussprechen wie »Dafür bist du noch zu klein!«– »Das kannst du nicht!« – »Du tust, was ich dir sage!« und »Wenn Erwachsene reden, sind Kinder still!« – falls Sie sich jetzt fragen, wer heutzutage noch so mit Kindern spricht: Alle Menschen, die Kinder nicht ernst nehmen und Kinder weder nach ihrer Meinung noch nach ihren Wünschen fragen würden.

Die Frage an Kinder, »Was braucht ihr?« mag manchen absurd erscheinen. Wie soll denn ein Kind wissen, was es braucht? Auch aufgeklärte Erwachsene unterstellen dann gerne, dass die kindlichen Antworten so ähnlich ausfallen würden: »Spielzeug oder ein Stück Schokolade«. Das ist Adultismus in Reinform, also die diskriminierende Einstellung, Erwachsene wüssten besser über Kinder Bescheid, weil sie Erwachsene sind.

Die helfende Hand – aus meinem Beratungsalltag

Vor einiger Zeit stellte ich in einem Online-Coaching für Kitapersonal folgende Frage: Wann haben Sie zuletzt zu einem Kind gesagt: »Dafür bist du noch zu klein!« oder »Du bist doch noch ein Kind!« – und wissen Sie, dass Sie damit Kinder diskriminieren? Viele der Fachleute hatten Fragezeichen in den Blicken. Liebe Leserin, lieber Leser, was würde ich jetzt in Ihrem Blick sehen? Ich reiche Ihnen wieder die Hand und wünsche mir, dass Sie mit mir noch einmal ein paar Schritte in Ihre Vergangenheit gehen, denn ich möchte Ihnen zeigen, dass auch Sie höchstwahrscheinlich aufgrund Ihres Alters diskriminiert wurden. Sie bekamen Belohnungen für erwünschtes Verhalten und wurden bestraft für das, was Sie nicht tun sollten. Sie haben gelernt, wie man Macht ausübt, und es ist einfach, wenn der vermeintlich Stärkere die Ansagen macht und der Schwächere tut, was man von ihm verlangt – so läuft es vermeintlich in der Welt. Erwachsene missbrauchen ihre Macht, weil sie es nicht anders kennen. Wir haben gelernt, dass man so mit Kindern umgeht, weil man so mit uns umgegangen ist, und deshalb tun wir es wieder. Sie, andere Eltern, andere Fachkräfte und auch ich – trotz allen Wissens, trotz aller Erfahrung. Aber Diskriminierung ist Gewalt, und wir können uns davon verabschieden, wenn wir uns eingestehen, dass wir Gewalt anwenden – gegen Kinder und durch harte Selbstkritik auch gegen uns selbst. Der erste Schritt in die Gewaltfreiheit ist der Schritt zurück in die Erkenntnis, dass wir gelernt haben, so zu handeln, wie wir handeln. Erst dann können wir lernen, wie man Kinder noch sehen kann, wie man auch mit ihnen umgehen kann. Aus einem »Du bist doch noch ein Kind, und ich sage dir, wie das Leben läuft« wird dann ein »Du bist ein Kind, und ich begleite dich auf deinem Lebensweg.«

Kinder kennen sich und ihre Bedürfnisse ausgezeichnet, und sie äußern sie auch. Es ist ihnen ein inneres Bedürfnis, an der Welt, in der sie leben, mitzuwirken und sich darin auszudrücken. Ja, sie können dies nur mit ihren Mitteln – mit den Mitteln von Kindern, doch es ist unsere Aufgabe, diese für uns Erwachsene verständlich zu übersetzen. Schließlich finden Kinder jeden Tag auch Wege, uns zu verstehen!

Kinder ernst zu nehmen, ist ein ganz entscheidender Schritt auf dem Weg zur Gewaltfreiheit, nicht nur zwischen Eltern und Kindern, sondern auch in der Gesellschaft. Das »Lernen am Modell« habe ich im Laufe dieses Buches bereits erläutert. Die Kinder von heute sind die Erwachsenen von morgen. Wenn sie lernen, Konflikte, also widerstreitende Interessen, nicht durch Macht und Gewalt zu lösen, sondern durch Kommunikation, Kompromisse und Konsens, dann verändert das auf lange Sicht unser Zusammenleben auf eine so grundlegende Weise, dass wir uns das heute kaum vorstellen können.

Wenn wir Kinder ernst nehmen, dann ist es nur noch ein kleiner Schritt dahin, dass wir sie aktiv an allen Prozessen beteiligen, die sie betreffen. Viele Erwachsene haben damit Probleme, weil sie dann immer gleich mit der Verantwortung argumentieren. »Kinder verstehen doch gar nicht, welche Auswirkungen das hat!«, heißt es dann. Das müssen Kinder auch nicht. Dazu sind ja wir da. Aber das bedeutet nicht, dass wir ihnen nicht aufmerksam zuhören sollten. Die Ideen und Vorschläge von Kindern sind meist nicht sinnlos oder unlogisch, ihnen fehlt bloß die Erfahrungstiefe von Erwachsenen. Die Anregungen und Ideen von Kindern entstehen aus ihrem klaren Bedürfniserleben, und darin sind sie nun einmal die Experten. Selbst Eltern oder Menschen wie ich, die sich den ganzen Tag beruflich damit beschäftigen, wie Kinder sich am besten entwickeln, am besten lernen und was sie dafür brauchen, wissen nicht so gut, was ein Kind benötigt, wie eine Zweijährige, ein Fünfjähriger oder eine Elfjährige. Wir dürfen nie vergessen: Kinder sind keine kleinen Erwachsenen. Sie stellen keine unvollkommenen Versionen von uns dar. Sie sind vollkommene Versionen von sich selbst!

Deshalb ist das Wichtigste, was Erwachsene tun können, mit Kindern zu reden. Wir sollten nicht nur für unsere Kinder da sein, sondern vielmehr ihnen zugewandt leben und sie einbeziehen. Wir könnten ihnen solche und ähnliche Fragen stellen:

- Wie siehst du die Welt?
- Was wünschst du dir?
- Wie würdest du das gerne machen?
- Welche Lösung können wir gemeinsam finden?

Dadurch würden wir Kinder als echte Gegenüber sehen und ihre Hilfe annehmen, damit wir sie besser verstehen. »Kindlich« würde dann zu einem eigenen Qualitätsbegriff und wäre kein abwertendes Adjektiv mehr:

- Zeig mir deine Welt, damit ich sie besser verstehe – und besser beschützen kann.
- Erkläre mir, was du brauchst, damit ich nicht Gefahr laufe, dir etwas aufzuzwingen.
- Hilf mir, das Richtige für dich zu tun, damit du optimal wachsen und dich entwickeln kannst.
- Ich habe vergessen, wie es ist, ein Kind zu sein. Du bist darin besser als ich, deshalb musst du mir dabei helfen, mich wieder daran zu erinnern.
- Ich verspreche, dir zuzuhören, dich ernst zu nehmen und dich bei allen Entscheidungen zu beteiligen.

Wir würden dann zu Kindern auch in schwierigen Situationen glasklar und ehrlich sein und ihnen die Welt und unser Verhalten so erklären, dass sie eine Chance haben, die Welt und uns zu verstehen. Eine solche Erklärung könnte sich in etwa so anhören: »Es wird Situationen geben, in denen ich nicht auf dich Rücksicht nehmen kann, weil diese Welt weit davon entfernt ist, perfekt zu sein, und weil ich, obwohl ich erwachsen bin, über viele Dinge auch keine Kontrolle habe. Aber ich werde mir in einem solchen Fall die Zeit nehmen, es dir zu erklären, und wenn du wütend sein möchtest, dann sind wir gemeinsam wütend. Es ist zum Beispiel nicht gerecht, dass du um sechs Uhr morgens aufstehen musst, weil ich zur Arbeit muss, obwohl du noch so müde bist. Es ist auch nicht gerecht, dass viele Dinge sind, wie sie sind, und du hast das Recht, darüber wütend zu sein. Ich danke dir, dass du mich daran erinnerst, denn ohne dich hätte ich beinahe vergessen, dass man diese Dinge auch ändern kann.«

Kinder auf diese Weise aktiv zu beteiligen, verlangt uns Erwachsenen eine Menge ab. Nicht nur Geduld und Aufmerksamkeit, nicht nur Selbstreflexion und Demut, vor allem lenkt es unseren Fokus auf all die Dinge unseres Zusammenlebens, die voller Widersprüche sind. Widersprüche, an die wir uns gewöhnt haben, die vielen, faulen Kompromisse des Erwachsenseins, in die wir unsere Kinder so gerne hineinzwingen möchten, damit sie perfekte, kleine Erwachsene sind, Spiegelbilder unseres besten Selbst.

Wir möchten unsere Kinder anschauen und in ihnen kleine, unbeschädigte Versionen von uns selbst erkennen, sozusagen der Beweis dafür, dass wir im Kern gut sind, optimal geeignet für alles, was die Gesellschaft von uns erwartet. Teamfähig, sozial, klug, schöpferisch, irgendwie besonders, liebenswert, angepasst, aber nicht langweilig – eine Persönlichkeit, die keinerlei Fehler aufweist: ein freundliches Produkt. Aber Kinder sind nicht unsere Produkte! Es sollte im Umgang mit ihnen nicht darum gehen, immer wieder neue und bessere Erziehungsmethoden anzuwenden, sondern darum, sie zu begleiten. Denn Kinder sind richtig, wie sie sind. Sie entwickeln sich entlang eines in ihnen angelegten Planes, der nur ihnen vorbehalten ist. Es gibt allgemeingültige Entwicklungslinien, die jeder Mensch durchläuft. Dazwischen gibt es aber sehr viel Raum. Und welchen Verlauf die individuelle Entwicklung nimmt, muss nicht geformt werden, um zu gelingen, sondern entscheidend sind vielmehr möglichst Wachstums-freundliche Bedingungen. Das und nichts anderes ist die Aufgabe von Elternschaft und Gesellschaften: Kinder gedeihen zu lassen. Das hat nichts damit zu tun, sie sich selbst zu überlassen. Gedeihen lassen bedeutet auch, für Impulse und Austausch zu sorgen, für einen Dialog mit diesem kindlichen Selbst, das sich selbst entdeckt. Und das kann es am besten, indem es von uns Erwachsenen ernst genommen wird.

Schluss mit der Stigmatisierung

Zum Ende hin möchte ich noch einen Aspekt der emotionalen Gewalt ansprechen, der für das Leben der Betroffenen eine große Rolle spielt: Stigmatisierung. Wo Gewalt herrscht, ist das Stigma für die Opfer nicht weit, ganz egal, ob körperliche, sexuelle oder seelische Gewalt im Spiel ist. Stigma wirkt wie ein Katalysator für alles, was Gewalt Menschen ohnehin schon antut. Gewalt ist das Gefängnis, aber Stigma dreht den Schlüssel im Schloss um und wirft ihn daraufhin weg.

Jede Art von Gewalt erzeugt Stigma. Es kann auch im Kleinen wirken, sozusagen im Nahbereich. Jeder, der schon einmal zum Opfer geworden ist, hat ein Stigma. Das ist auch der Grund, weshalb Opfer so laut und anhaltend schweigen. Sie wissen, dass es Gefahren birgt, sich als Opfer zu outen. Das liegt daran, dass wir so ungern über Täter reden. Wir wollen lieber so tun, als sei an den Opfern etwas, das die Gewalt hervorgerufen hat, und tatsächlich glauben die Opfer das meist auch selbst. Es ist nicht damit getan, das für ein Hirngespinst zu halten, denn in der Tat gibt es einen Zusammenhang. Wer einmal im Leben Opfer war, wird es häufig auch später noch einmal. Die Forschung schiebt das auf die durch ihre Traumatisierung beeinflussten schlechten Lebensentscheidungen der Betroffenen.[164] Doch ich denke, wir machen uns das als Gesellschaft zu einfach, weil wir wieder einmal nicht über die Täter sprechen wollen, sondern die Opfer thematisieren.

Der Grund dafür ist abermals das Stigma. Das Wort geht auf das griechische »Wundmal« zurück, bedeutet also, dass jemand gezeichnet ist. Der Soziologe Erving Goffmann hat sich intensiv mit der sozialen Funktion von Stigmatisierung[165] beschäftigt. Stigma schafft für den Einzelnen eine soziale Distanz und ein künstliches Gefühl der Sicherheit. »Du bist nicht wie ich, deshalb bist du Opfer geworden«, ist die dann oft gehörte Aussage. »Mir kann das nicht passieren, denn ich bin ja nicht wie du.«

Weil wir über Gewalt nicht offen sprechen, vor allem nicht über die nach außen unsichtbare, die seelische Gewalt, muss sie sich anderswo entladen. Das geschieht in einem unbewussten Prozess. Der Mensch, der schon einmal Opfer geworden ist, nimmt in der sozialen Interaktion diese Rolle deswegen wieder und wieder ein.[166] Sie ist ihm ja vertraut. Opfer seelischer Gewalt werden deshalb eher noch einmal Opfer körperlicher Gewalt oder sexualisierter Gewalt und umgekehrt. Das soziale Stigma einer Herkunft mit psychisch erkrankten Eltern, Sucht oder Armut macht verletzlich, und wo Gewalt ist, folgt noch mehr Gewalt hin. Es ist nicht das Opfer, das sie anzieht, es ist die Gewalt, die sich diese Entladungsmöglichkeiten sucht. Da darf sie sich entladen, sozial verträglich sozusagen, weil die Gesellschaft schon beschlossen hat, dass mit dieser Person etwas nicht stimmt.

Alles andere würde bedeuten, dass wir als Gesellschaft offen zugeben, dass wir permanent gewaltvoll miteinander umgehen – besonders mit Kindern. Wir nennen es zwar nicht Gewalt, sondern Erziehung, aber es ist und bleibt Gewalt. Wir handeln, weil es uns oft schwerfällt, zu vertrauen und wir uns verpflichtet fühlen, Kinder auf den rechten Weg zu bringen. »Das geschieht nur zu deinem Besten« – mit diesen Worten fangen die schrecklichsten Geschichten an.

Mission (fast) erfüllt

An dieser Stelle muss und darf ich Sie warnen: Wenn Sie es wirklich ernst meinen mit der gewaltfreien Erziehung, werden Sie plötzlich ziemlich viel Druck zu spüren bekommen. Nämlich den erstaunten Druck von außen, von all denen, die noch nicht bereit sind, auf Gewalt zu verzichten.

Leider gehört das zum Wesen der Gewalt. Um ungesehen zu bleiben, muss sie allgegenwärtig sein. Steigt jemand aus dem gewaltvollen Spiel aus, erzeugt das Irritationen bei all jenen, die sich noch in diesem Kreislauf befinden. Wenn Sie aufhören, mit Ihrem Kind zu schimpfen, und auf Augenhöhe mit ihm sprechen, wird das in Ihrem Umfeld nicht lange unbemerkt bleiben. Es wird zu Reaktionen kommen, und nicht alle werden positiv sein.

Seltsame Blicke und spöttische Bemerkungen sind vermutlich noch die harmlosesten Reaktionsvarianten. Es wird vermutlich gar nicht lange dauern und jemand – eventuell auch aus Ihrem sehr nahen Umfeld – wird ankommen und behaupten, Ihr Kind sei nicht richtig erzogen. Vielleicht sogar eine Person mit pädagogischer Autorität, was den darauffolgenden Dialog schwierig machen könnte, denn diese Person wird von der Richtigkeit ihrer Ansichten absolut überzeugt sein. »So kann man kein Kind erziehen. Sie machen uns Probleme mit Ihrer Freiheit. Ihr Kind passt sich nicht an. Das können wir hier nicht gebrauchen. Bringen Sie das in Ordnung!« So oder ähnlich gestalten sich dann harsche Aussagen aus sogenanntem berufenem Munde. Ein Kind, mit dem »etwas nicht in Ordnung ist«, wird schnell ein Kind, das eine bestimmte Diagnose verpasst bekommt. Das zum Außenseiter wird, zum Störenden, zum Problemkind. Und schon wieder hebt das Stigma sein Haupt. Diesen Herausforderungen sehen sich leider viele Eltern gegenüber, die sich einer neuen, gewaltfreien Form der Erziehung verschreiben. Es gehört Mut dazu, aus einem bisherigen Muster herauszutreten und vor der Gesellschaft, dem gesamten Umfeld und vor allem der Familie ganz klar zu kommunizieren: »Wir gehen von nun an einen anderen Weg, zum Wohle unsere Kinder!«

Die gute Nachricht dabei: Die Menschen, die den Mut aufbringen, im Bereich Erziehung neu und anders zu handeln, werden immer mehr. Unterstützt werden diese Eltern von der Wissenschaft. Immer wieder erscheinen Studien,[167] die belegen, dass das, was wir heute noch als Erziehung verstehen, in Wirklichkeit nichts anderes als seelische Gewalt in unterschiedlichen Abstufungen[168] darstellt. Gerade die Neurobiologie hat in diesem Zusammenhang das große Potenzial, ihre Erkenntnisse unbestreitbar sichtbar zu machen.[169]

Ich bin sehr zuversichtlich, dass die lange Ära der seelischen Gewalt in der Erziehung zeitnah an ihr Ende kommen wird. Denn mit jedem Elternteil und jedem Pädagogen, der sich entscheidet, nicht mehr mit den bisherigen Methoden psychischer und emotionaler Gewalt zu arbeiten, wächst ein Mensch heran, der diese Art des Umgangs nicht mehr aktiv verlernen muss, sondern Gewaltlosigkeit selbstverständlich lebt und wiederum an seine eigenen Kinder weitergibt. Und dann wird die Mission, die uns alle angeht, langsam, aber sicher erfüllt sein!

Jenseits von Bullerbü – wenn das ganze Leben emotionale Gewalt ist

Kinder brauchen mehr als ihre Herkunftsfamilien – sie brauchen den Schutz einer Gemeinschaft.

Als ich mich an die Konzeption des vorliegenden Buches machte, war dieses Kapitel gar nicht vorgesehen. Aber nachdem ich den finalen Punkt hinter das Kapitel »Mission Kinderschutz« gesetzt hatte, wurde mir plötzlich klar, dass ich noch nicht am Ende angekommen war. Noch nicht dort angekommen sein durfte, weil etwas Wichtiges fehlte. Aus diesem Grund lesen Sie nun diesen Epilog, der mir speziell am Herzen liegt.

Viel zu viele Kinder leiden ständig und ohne Unterlass unter den verschiedensten Formen von psychischer und emotionaler Gewalt. Diesen Kindern und ihrem Leid soll dieses eigenständige Abschlusskapitel gewidmet sein. Denn es liegen Zahlen vor, die erschrecken. Rund 2,8 Millionen Kinder in Deutschland wachsen in Armut auf.[170] Etwa drei Millionen Kinder in Deutschland werden bei einem suchtkranken Elternteil groß, die meisten bei Alkoholikern.[171] Weitere drei Millionen Kinder leben mit einer psychisch kranken Mutter oder einem psychisch kranken Vater.[172] Zwischen diesen drei Gruppen gibt es Überschneidungen. Familien mit Suchtkranken sind häufiger arm, psychisch kranke Eltern öfter suchtkrank. Wie groß die Schnittmenge zwischen allen dreien ist, ist nicht eindeutig zu bestimmen, und Armut alleine bedeutet nicht, dass Kindern Gewalt angetan wird. Doch wir können davon ausgehen, dass jedes zweite bis dritte Kind mit psychisch kranken und armen Eltern auf unterschiedlich starke Weise von Gewalt betroffen ist. Manche Kinder haben einen Vater, der abends nicht mehr ansprechbar ist, weil er mit der Bierflasche vor dem Fernseher hängt, andere hungern regelmäßig, da ab dem 15. des Monats der Kühlschrank gähnend leer ist, und bei wieder anderen leidet die Mutter unter absurden Wahnvorstellungen und geistert nachts lautstark durch die Wohnung. Vielleicht sind es auch die Oma, die Tante, der Onkel oder die große Schwester, der oder die regelmäßige Verhaltensauffälligkeiten zeigt. Alle diese Kinder eint dasselbe Gefühl: Akute und permanente Scham!

Verstärkt wird diese von der Stigmatisierung, die mit diesen drei Erfahrungen einhergeht. Unsere Gesellschaft hat für arme, süchtige und psychisch kranke Menschen meist nur latente bis offen gezeigte Verachtung übrig. Die Kontinuität dieser Haltung reicht weit in die Neuzeit zurück, wirkt bis heute ungebrochen nach und wurde kaum breitenwirksam reflektiert. Der Begriff des »Asozialen« findet sich bereits im Sprachgebrauch der Weimarer Republik und erfuhr besondere Bedeutung in der Zeit des Nationalsozialismus,[173] er wird heute noch im exakt gleichen Kontext verwendet und ist nicht weniger gewaltvoll.

Wir als Gesellschaft sind aufgerufen

Die Folgen, die diese miterlebten Süchte, psychischen Krankheiten und Armut in den Seelen der Kinder erzeugen, sind exakt die gleichen wie die von Gewalt. Den tobenden Vater, die verbal abusive Mutter zu verurteilen, das ist einfach. Doch zu erkennen, dass wir als Gesellschaft Armut von Kindern alle gemeinsam bewusst in Kauf nehmen, dass wir einfach wegsehen, sie damit jedoch schweigend tolerieren und vielleicht insgeheim auch noch denken: »Da sind die Eltern doch selbst schuld« oder »Soll die Mutter doch arbeiten gehen«, stellt eine sehr viel komplexere Gemengelage dar.

Das Gleiche kommt bei der Thematik Süchte zum Tragen. Süchtig sind immer nur die anderen. Wie etwa die Junkies am Hauptbahnhof, die mit den Nadeln im Arm und den Crackpfeifen. Aber die halbe Million Menschen, die von verschreibungspflichtigen Medikamenten abhängig ist, empfindet sich nicht als süchtig. Wissen Sie, wie es den Kindern abhängiger Eltern ergeht? Haben Sie schon einmal jemanden erlebt, der unter dem Einfluss starker Schlaf- und Beruhigungsmittel steht? Jemand, der niemals richtig präsent ist, sondern sich in einem permanenten Nebel vor sich hin bewegt? Und dann stellen Sie sich vor, Sie sind das Kind einer Mutter, deren Bewusstsein derart umnebelt ist. Oder was es bedeutet, wenn der eigene Vater regelmäßig bis hin zur Bewusstlosigkeit Alkohol trinkt, dann für nichts und niemanden mehr erreichbar ist oder sogar aggressiv wird? Dazwischen gibt es außerdem noch die vielen Formen leichter oder funktionaler Sucht. Das Kiffen zum Feierabend, der Amphetaminkonsum, um den Stress auf der Baustelle oder während der Nachtschicht auszuhalten, das Kokain, um im Büro weiterhin als High-Performer mitzuhalten. Es gibt unendlich viele Beispiele für diese für Kinder extrem unaushaltbaren Voraussetzungen. Dazu kommt: Die betroffenen Eltern sind meist der Überzeugung, ihre Kinder wüssten davon nichts, doch Kinder spüren, wenn etwas nicht stimmt. Und noch viel schlimmer, sie denken dann, dass etwas mit ihnen selbst nicht stimmt, und fühlen sich als der Auslöser der elterlichen Verhaltensweisen.

Im Falle von psychischen Krankheiten wird es noch viel schwieriger. Darüber sprechen wir als Gesellschaft nämlich nicht, nicht einmal in abfälliger Form. Hier erfolgt als Reaktion meist absolutes Negieren und Schweigen. Die betroffenen Familien werden praktisch unsichtbar und ausgeschlossen vom Rest der Welt, ganz so, als seien Depressionen, Angstzustände, posttraumatische Belastungszustände oder Persönlichkeitsstörungen höchst ansteckend. Für die Kinder in solchen Familien hat das fatale Folgen. Sie können das, was an ihrem Zuhause krankheitsbedingt nicht »normal« ist, durch das Erleben in »gesunden« Familien nicht ergänzen, da sie von solchen nicht eingeladen werden und daher ausgegrenzt bleiben. Sie sind dem Drama ihres eigenen familiären Umfeldes hilflos ausgeliefert, ohne jede Chance, Alternativen zu erleben. Die Scham für etwas, das sie weder verstehen noch verändern können, frisst sich dann tief in sie hinein und richtet sich im schlimmsten Fall als Schuldzuweisung an den erkrankten Elternteil. Somit beginnt ein Teufelskreis, der oft über Jahrzehnte anhält und die ohnehin belasteten Beziehungen vollkommen zerstört. Was bleibt, sind für immer bindungstraumatisierte Individuen, als Kinder wie auch später als Erwachsene. Dabei wäre es so einfach, diese Familien zu unterstützen, den Kindern zu helfen und die Folgen abzumildern, denn psychisch kranke, süchtige oder von Armut geplagte Menschen sind nicht per se dazu verdammt, als Eltern zu scheitern. Nein, wir als Gesellschaft verdammen sie dazu und sprechen damit gleichzeitig das Urteil über die Seelen ihrer Kinder. Eine ganz besonders intensive Form von Grausamkeit und Gewalt, derer wir uns alle mitschuldig machen.

Borderline – das Drama gescheiterter Bindungen

Psychische Krankheiten haben viele Gesichter. Ich konzentriere mich in dem folgenden Fallbeispiel auf die Borderline-Persönlichkeitsstörung, weil diese Erkrankung besonders intensiv mit Bindung zu tun hat und aus diesem Grund in unserem Kontext interessant ist. Diese Art der Störung ist mit drei Prozent in der Bevölkerung relativ verbreitet und häufiger bei Frauen als bei Männern anzutreffen. Als Ursachen werden sowohl genetische Faktoren als auch frühkindliche Bindungsfaktoren diskutiert sowie spätere, traumatische Erfahrungen. Die Betroffenen zeichnen sich durch instabile Persönlichkeitswahrnehmung, heftige emotionale Umschwünge, große Verlassenheitsängste, die Unfähigkeit zu dauerhaften und belastbaren Bindungen zu anderen, große Selbstzweifel sowie unter Stress suizidale Gedanken und Selbstverletzung aus.[174] Was sind die Folgen dieser Erkrankung für die Elternschaft und damit für die Kinder? Das Zentrum für seelische Gesundheit in Mannheim hat dazu eine größere Studie angelegt und kommt zu klaren Ergebnissen. Diese Kinder haben ein signifikant höheres Risiko, selbst psychisch zu erkranken![175] Der Psychologe Bernd Abendschein, der seit vielen Jahren mit betroffenen Familien und Kindern arbeitet, spricht von dysfunktionalen Familien mit instabilen Strukturen und zu wenig Kommunikation. Die Borderline-Störung führe dazu, dass keine stabile Bindung aufgebaut werden könne. Der von Borderline betroffene Elternteil könne auf der einen Seite nicht adäquat auf die Bedürfnisse des Kindes reagieren, auf der anderen Seite behindere er dessen Entwicklung durch ein übermäßiges Beschützen.[176]

Die Erkrankung bringt es außerdem mit sich, dass Betroffene oft impulsiv und unvorhersehbar reagieren, was Kinder als Willkür erleben müssen. Auch fehlt ein stabiles, näheres Umfeld, weil es oft zu Kontaktabbrüchen und Konflikten kommt. Außerdem ist es ein Teil der Krankheit, dass in emotional intensiven Phasen andere Menschen nur als entweder gut oder böse gesehen werden, auch die eigenen Kinder. Vielleicht haben Sie schon vom typischen Schwarz-Weiß-Denken der Borderliner gehört?

Deutlich wird, warum Familien, in denen ein Elternteil an dieser Krankheit erkrankt ist, dringend Hilfe brauchen, und zwar zuverlässig und von außen. Borderline ist langfristig gesehen und mit den richtigen Therapien heilbar. Die Betroffenen können lernen, sich zu stabilisieren und zuverlässige und liebevolle Eltern zu sein, die sogar besonders gut auf die Bedürfnisse ihrer Kinder reagieren. Doch das schaffen sie nicht alleine und vor allem nicht, indem man sie stigmatisiert. Wer dabei nach wie vor übersehen wird, sind die Kinder der Kranken. Sie aus diesen Familien herauszunehmen, kann dabei keine Lösung, sondern immer nur der allerletzte Schritt sein. Hier braucht es Institutionen, die mit Wissen und Erfahrung in den Familien helfen, die dort Brücken bauen, wo die Krankheit Lücken schlägt, innerhalb der Familien und nach außen. Diese Hilfsangebote müssen niedrigschwellig und selbstverständlich ausfallen, sie müssen frei von Stigma und von Belehrung sein und natürlich kostenlos angeboten werden. Wir brauchen Fachkräfte, die da hingehen wollen, wo der Ursprung des Leids liegt, nämlich in die Familien.

Auch Süchte wirken wie Pfeile

Es ist eine Tatsache: Kinder von suchtkranken Eltern bilden die größte Risikogruppe, später selbst süchtig zu werden. Untersuchungen zeigen, dass die Risikobelastungen für die Kinder nicht nur aus dem schlechten Vorbild des Elternteils stammen (genetische Faktoren spielen bei Suchterkrankungen bekanntermaßen auch eine Rolle), sondern dass hier mehrere Auslöser zusammenkommen. Meist ist nur ein Elternteil süchtig, der andere nicht da oder eventuell co-abhängig[177] und fördert dadurch bewusst oder unbewusst das Suchtverhalten seines Partners durch Verharmlosung, Entschuldigung, Verdrängung, Verheimlichung oder Verleugnung der Sucht. Diese Kinder können zu keinem Elternteil eine stabile Bindung aufbauen, der Familienalltag ist entsprechend chaotisch, oft müssen die Kinder den suchtkranken Elternteil versorgen – erinnern Sie sich an den ersten Teil des Buches, an den Missbrauch durch Parentifizierung?

Hinzu kommen Armut und soziales Stigma, nicht selten auch verschiedene Formen von Gewalt.[178] All das sind für das Kind Stressoren. Wie man mit diesen Stressoren umgeht, das lernen Kinder durch Beobachtung, und wenn sie in einem Umfeld aufwachsen, in dem Stressbewältigung den Konsum von Drogen, Alkohol oder auch nur Zigaretten bedeutet, dann werden sie genau diese Verhaltensweisen nachahmen. Ein weiteres Problem stellt vollkommen unverhältnismäßiges Belohnungs- und Bestrafungsverhalten suchtkranker Eltern dar. Selbst bei nur minimalen Vergehen – etwa eines heruntergefallenen Glases – können die Strafen drakonisch ausfallen, während Kinder im nächsten Moment ohne Anlass mit Geschenken überschüttet und wirklich verwöhnt werden.[179]

Unter dem Einfluss diverser Substanzen gibt es für die Gewalt der Eltern oft keine hemmenden Faktoren. Psychische Misshandlungen beinhalten Zurückweisungen, öffentliches Blamieren, Erniedrigen, Lächerlichmachen, fehlendes Verständnis oder aber Gleichgültigkeit. Auch die Androhung von Gewalt oder sogar eine Tötungsdrohung gegenüber dem Kind oder anderen Personen stellt eine psychische Misshandlung des Kindes dar. Oftmals erinnern sich die Eltern nicht einmal an diese für das Kind tief traumatisierenden Erfahrungen, die sie ihnen in ihrem weggetretenen Zustand zugefügt haben. Gleichzeitig fehlt es oft an ausgleichenden, positiven Faktoren, wie stabilen Beziehungen zu nicht suchtkranken Menschen außerhalb der Familie, Freizeitbetätigungen oder anderen Aktivitäten und Beziehungen, die das Selbstwertgefühl der Kinder stärken und dem Alltag Struktur geben.[180] Nicht selten geben sich die Kinder die Schuld an der Sucht der Eltern oder versuchen, diese zu retten. »Wenn ich das oder das gemacht hätte, hätte Papa nicht wieder getrunken …«, sind dann kindliche Gedankengänge, die später im Leben desaströse Auswirkungen haben können.

Die amerikanische Psychologin Sharon Wegscheider-Cruse hat für die Kinder alkoholkranker Eltern verschiedene Rollen entwickelt: »Der Held«, »Das schwarze Schaf«, »Das stille Kind« und »Der Clown«.[181] Es sind Anpassungsstrategien an eine ungesunde Umwelt, die auf Dauer mit einer Reihe von Problemen einhergehen und dazu führen, dass die eigenen Bedürfnisse ständig unterdrückt und schließlich gar nicht mehr wahrgenommen werden. Diese Kinder können, auch später als Erwachsene, nicht mehr sie selbst sein. Kinder suchtkranker Eltern wählen signifikant häufiger Menschen als Partner, die ebenfalls suchtkrank sind, und sie haben öfter Probleme, ihren Alltag zu bewältigen, als Menschen, die in nicht von Sucht betroffenen Familien aufwachsen.

Wieder heißt die Lösung niedrigschwellige Angebote, die Kindern zeigen, wie sie gesunde Beziehungen zu sich selbst und zu nicht suchtkranken Bezugspersonen entwickeln. Es braucht sichere Orte für Kinder und noch viel mehr Familienzentren, in denen Kinder lernen, wie ein Alltag jenseits von Sucht gelingt und welche Strategien sie anwenden können, um Herausforderungen zu bestehen.

In diesen Familienzentren stehen vielfältige Angebote rund um die Themen Familie und Kind zur Verfügung. Kinder werden betreut, Eltern haben die Möglichkeit, sich unterstützen und beraten zu lassen. Familienzentren sind Knotenpunkte in familienunterstützenden Netzwerken. Statt das Thema Sucht totzuschweigen oder kleinzureden, ja, zu verharmlosen, müssen wir als Gesellschaft endlich eine klare und konsequente Debatte führen, die den verheerenden Konsequenzen von Sucht gerecht wird. Es gibt keine harmlose Form von Sucht, und auch der vermeintlich normale Genuss von Nikotin oder das allabendliche Glas Wein können negative Folgen haben. Dabei geht es mir nicht darum, als Spaßbremse aufzutreten. Sondern darum, Verantwortung für jene zu übernehmen, nämlich die Kinder, die ja noch nicht entscheiden können, ob sie an diesem »Spaß« überhaupt teilnehmen möchten, und dennoch schwer davon betroffen sind.

Armut – die unsichtbarste Form von Gewalt

Die Zeiten, in denen Armut ein echtes Aufregerthema in Deutschland war, sind spätestens seit Einführung der Agenda 2010 vorbei. Das Problem Armut wurde dadurch höchst erfolgreich individualisiert! Wer möchte, kann ja arbeiten, lautet der Grundtenor in diesem Zusammenhang, und damit ist es legitim, sich von dieser Thematik abzuwenden, aber leider auch von den Kindern, die eben keine Wahl haben, ob sie in Armut aufwachsen oder nicht.

Armut geht, vor allem für die Kinder, mit einer Reihe von psychosozialen Folgen einher. Doch zunächst sollten wir uns ansehen, was Armut überhaupt ist, denn davon haben wir häufig keinen Begriff mehr. Weit verbreitet ist die Ansicht, dass man als Einwohner eines Industrielandes gar nicht wirklich arm sein könne, dass Armut etwas sei, das sich nur in der »Dritten Welt« finden lässt. Dann wird Armut zu etwas, das nur in Relation existiert. Im Verhältnis zu einem Multi-

 milliardär ist jeder von uns arm, doch das sagt nichts über die Qualität dieser Armut aus. Deshalb brauchen wir andere Begriffe für diese Armut, um über sie und ihre Folgen zu sprechen.

Unterschieden werden drei Arten von Armut: absolute, relative und gefühlte Armut. Bei diesen Definitionen hat man sich auf den Einkommensmangel und dessen Konsequenzen beschränkt. Sofort fällt auf, dass Kinderarmut noch nicht einmal eine Kategorie bildet, denn Kinder haben kein eigenes Einkommen! Hier liegt auch zugleich schon die Lösung, aber dazu später mehr.

Ich fasse die Definition des Kindernothilfswerks World Vision wie folgt zusammen: Die absolute Armut bezeichnet eine Existenznot, »ein Leben am äußersten Rand der Existenz«. Kennzeichnend dafür sind die mangelnden Ressourcen von lebenswichtigen Mitteln zur Befriedigung der Grundbedürfnisse (z. B. Essen, Trinken, Wohnen etc.). Der Alltag ist von einem ständigen Kampf ums Überleben geprägt. Die Grenze für die Bestimmung der absoluten Armut erfolgt auf der Basis eines Indikators der Weltbank. Dieser liegt derzeit bei 1,25 US-Dollar pro Tag, die den Menschen zur Verfügung stehen. 1,2 Milliarden Menschen weltweit fallen in diese Kategorie.[182]

In Wohlstandsgesellschaften spricht man von relativer Armut, wenn weniger als 60 Prozent des mittleren Einkommens zur Verfügung stehen. Der Schwellenwert für Armutsgefährdung in Deutschland lag bei Alleinerziehenden mit einem Kind unter 14 Jahren im Jahr 2019 bei 1.396 Euro.[183] Arme Menschen subsumieren sich in der sogenannten Unterschicht. Diese Unterschicht zeichnet sich durch geringes Einkommen und wenig Aufstiegsmöglichkeiten aus. Die gesellschaftliche Teilhabe ist stark eingeschränkt, schlicht, weil es dafür an Geld fehlt. Die »gefühlte Armut« spielt dabei ebenfalls eine Rolle. Wenn alle um mich herum mehr haben als ich oder ich nicht genug habe für das, was ich mir wünsche, bin ich nach meinem eigenen Empfinden arm.

Kinderarmut ist eine ganz spezielle Form von Armut und als solche sehr schmerzvoll für Kinderseelen. Sie ist untrennbar mit dem Einkommen der Eltern verbunden. Ihr wichtigstes Merkmal ist die Unfähigkeit der Kinder, sich selbst aus dieser Armut zu befreien. Sie sind ihr ausgeliefert, mit allen nur denkbaren negativen Folgen. Denn Armut wirkt sich auf alle Bereiche des Lebens aus und kann zu einer Art Urtrauma werden. Auf das Selbstwertgefühl, auf die Beziehungen, den Bildungserfolg, die Gesundheit, die Berufswahl, die spätere Familiengründung. Kinder, die in Armut aufgewachsen sind, vergessen diese Erfahrung niemals, denn Entbehrung hat viele Gesichter. Sie kann sich in gebrauchten Kleidern ausdrücken, die aus der Kleiderkammer oder von Verwandten stammen, im permanent leeren Kühlschrank und beengten Wohnverhältnissen. Diese Armut drückt sich auch aus durch die Unmöglichkeit zu reisen oder die nächste Klassenfahrt zu finanzieren, durch die Angst vor unbezahlten Rechnungen, die Furcht, dass eine neue Brille notwendig ist oder die alte kaputtgeht, dass die Waschmaschine ihren Geist aufgibt und nicht ersetzt werden kann. Alle diese Mankos führen in der Regel zu unzähligen Demütigungen durch Vermieter, Arbeitgeber, Mitarbeiter beim Jobcenter, die ausgehalten werden müssen, weil tiefe materielle Machtverhältnisse dahinterstehen. Familien mit Migrationserfahrungen und Einelternfamilien haben dabei außerdem ein sehr viel höheres Risiko, von Armut betroffen zu sein.[184]

Dafür haben wir kein Geld

Ausreichende materielle Ressourcen sind eine entscheidende Voraussetzung für ein erfolgreiches Heranwachsen und Erwachsenwerden, das hat die breit angelegte Studie der Arbeiterwohlfahrt und des Frankfurter Instituts für Sozialarbeit und Sozialpädagogik e.V. zu Langzeitfolgen von Armut bei Kindern und Jugendlichen (AWO-ISS-Studie) gezeigt. Dies beinhaltet die materielle Grundversorgung in Form von Wohnen, Kleiden, Ernähren, Bildung und Freizeitgestaltung.[185] Treten hier Mängel auf, kommt es zu Störungen der Identitätsentwicklung. Außerdem entwickeln betroffene Kinder die Tendenz, sich sozial zu isolieren. Diese Tendenz wird durch das gesellschaftliche Stigma noch verschärft. »Spiel nicht mit den Schmuddelkindern«, solche Sätze hat wahrscheinlich jeder von uns schon gehört oder vielleicht sogar ausgesprochen. Vielleicht haben auch Sie Ihr Kind bereits dazu gebracht, mit diesem oder jenem Kind nicht zu spielen. Da ist das Kind der Alleinerziehenden, die immer so überfordert wirkt. Da ist die Familie mit den vielen Kindern, die nicht mal ein Auto hat. Da ist der Sohn, dessen Vater mittags schon am Kiosk steht. Ihr Elterninstinkt sagt Ihnen, dass von diesen Menschen eine gewisse Gefahr ausgeht und dass Ihr Kind mit ihnen besser keinen Kontakt halten sollte. Denn Sie sind überzeugt davon, »Ich bin nicht wie die«. Und nicht »wie die« zu sein, ist für Sie essenziell und möglicherweise entscheidend für das soziale Überleben.

Viele von Armut betroffene Kinder nehmen diese auf sie gerichtete soziale Ausgrenzung wahr und kommen ihr zuvor, indem sie erst gar keine Kontaktversuche zu anderen Kindern machen, ein Verhalten, das oft ein ganzes Leben lang beibehalten wird, mit dramatischen Folgen für privates Glück sowie die Karriere.[186]

Armut führt oft zu einer Verhärtung der innerfamiliären Beziehungen, zu einem Mehr an Disziplinierung statt zu einem Mehr an Liebe und oft, nicht immer, geht sie mit einer geringeren Bildung der Eltern einher, die gleichermaßen den Bildungshorizont der Kinder einengt. Bücher, Malsachen, ein Besuch im Museum – all das wird im Sinne von »Dafür haben wir kein Geld« zu unerreichbarem Luxus. Das Familienleben findet nach meiner Erfahrung hauptsächlich vor dem Fernseher statt. Dieses Klischee ergibt sich aus der Abschottung nach außen und dem Fehlen von Alternativen, weil alle Alternativen Geld kosten. Die Häme, mit der bestimmte Fernsehformate sich über ebendieses scheinbar stereotype Verhalten einkommensschwacher Familien lustig machen, verschlägt mir immer wieder den Atem.

Der radikale Ausschluss von der Möglichkeit, sich Dinge und Erlebnisse zu leisten, führt dazu, das Kinder und Jugendliche delinquentes Verhalten oft als die einzige Alternative betrachten, den beengten Verhältnissen zu kommen. Das ist ein verzweifelter Versuch, aus der Armut auszubrechen, weil die Betroffenen sehr wohl wissen, dass unsere sonstigen Bildungsversprechen für die meisten von ihnen eine Farce darstellen. Es stimmt eben nicht, dass man nur etwas lernen muss, damit »etwas aus einem wird«. In erster Linie bestimmt immer noch die Herkunft darüber, wo Menschen später einmal landen, denn sie hat den größten Einfluss auf den Schulerfolg.[187]

Es ist eine etablierte Tatsache: Armut wirkt sich auf die Ernährung, die Schlafverhältnisse, die Gesundheitsversorgung, die motorische Entwicklung, die sprachlichen Fähigkeiten, die Art der Mediennutzung, das Risiko zur Suchtentwicklung und das Auftreten psychischer Krankheiten aus. In den allermeisten Fällen ist Armut allerdings der Auslöser, nicht die Folge dieser Phänomene. Die Menschen sind nicht arm, weil sie sich falsch verhalten. Sie verhalten sich so ungesund oder unvernünftig, weil sie arm sind. Hinzu kommt eine ganz besondere Form von Stigmatisierung. Armen Menschen wird per se unterstellt, sie seien schlechtere Eltern. Ein Blick auf die Zahlen[188] zu Inobhutnahmen und Eingriffe durch das Jugendamt zeigt, dass Jugendämter deutlich schneller und heftiger eingreifen, wenn eine Familie von Hartz IV lebt, als wenn es sich um einen prügelnden Papa im Villenviertel mit Porsche vor der Tür handelt.

Zeit zum Handeln!

Die Lösungen sind bereits da – die Ausreden ebenfalls. Seit Jahren befürworten und fordern die Bertelsmann-Stiftung, das Bündnis Kindersicherung, der Deutsche Gewerkschaftsbund, die SPD, Die Linke und die Grünen, Kinder sollten ein Eltern-einkommensunabhängiges Grundeinkommen zur Verfügung gestellt bekommen, das für ihre materiellen Ressourcen sorgt. Alle diese Organisationen und Parteien haben ein und dasselbe Ziel, das sie aber auf unterschiedlichen Wegen erreichen möchten. Sie sind sich einig, dass Kinderarmut kein in Stein gemeißeltes Schicksal sein darf – nicht in einem der reichsten Länder dieser Erde. Es existieren bereits diverse Finanzierungspläne, es wäre also möglich, die Kinder vor fortschreitender

Armut zu retten – genauso selbstverständlich, wie die Rettung großer Unternehmen seit Jahren gang und gäbe ist!

Wir brauchen Bildungspakete, die für wirkliche Teilhabe sorgen und unbedingt mehr Chancengerechtigkeit ermöglichen. Dafür sollten Betreuung und Bildung qualitativ hochwertig und kostenlos sein.

Diese Armut, die so viele Kinder ein Leben lang wie ein Giftpfeil verfolgt, ist keine Naturgewalt. Sie ist menschengemacht und damit keine Notwendigkeit! Wir könnten sie beseitigen, von heute auf morgen, wenn wir wirklich wollten, und nicht ein einziger Erwachsener hätte dadurch weniger Mittel für sich selbst zur Verfügung. In meinen Augen ist diese Unterlassung die schlimmste Form von Gewalt, die existiert, denn sie ist zynisch bis ins Mark.

So unterschiedliche Formen emotional-soziale Gewalt annehmen kann, so unheilvoll sich all diese Formen miteinander verbinden und noch mehr seelische und körperliche Gewalt erzeugen können, es gibt ein wirksames Mittel gegen sie: Öffnung! Es müssen Orte geschaffen werden, in denen Familien willkommen sind, Orte, die Verbindungen in die Gemeinschaft schaffen. Je besser Eltern in Kitas, Schulen und Vereinen vernetzt sind, desto besser sind Kinder vor jeglicher Gewalt geschützt. Da gibt es Raum, um darüber zu reden, wenn es zu Hause wieder ganz schwierig wird. Da gibt es Hilfe, wenn gar nichts mehr geht. Da gibt es Vorbilder, um es in Zukunft anders und besser zu machen. Aus diesem Grund können wir gar nicht genug Stiftungen, Initiativen, Vereine, Bündnisse und Einzelpersonen haben, die zu den Familien gehen und die Familien in die Öffentlichkeit begleiten, aber dafür braucht es jede Menge staatliche Förderung, denn Kitas, Schulen, Familienzentren, Familienhelfer und Beratungsstellen kosten Geld.

Und vor allem dürfen wir alle miteinander, als Gesellschaft insgesamt, nicht mehr länger wegsehen. Ja, es ist bequem, wegzusehen, denn uns und unsere Kinder betrifft es ja nicht. Aber schon im Nachbarhaus, in der Nachbarwohnung könnten die Dinge ganz anders aussehen. Da kämpft vielleicht eine Familie einen stummen, verzweifelten Überlebenskampf. Vermutlich kennen wir alle betroffene

Kinder. Vermutlich haben wir alle schon weggesehen. Wenn wir uns als Gesellschaft diese Bequemlichkeit weiterhin leisten wollen, dann muss es Menschen geben, die von Berufs wegen hinsehen. Damit ist nicht nur das Jugendamt gemeint, sondern auch Menschen, die in Familien gehen, um zu helfen.

Wenn es ein Umfeld gibt, das für die belastenden Faktoren einen Ausgleich schafft, dann können Kinder auch unter schwierigen Bedingungen seelisch gesund aufwachsen. Wir dürfen dabei jedoch nicht der Illusion unterliegen, dass es ausreicht, nach Feierabend das gebrauchte Spielzeug in einem Problemviertel abzugeben. Die sozialen Trennlinien sind messerscharf, aber es gibt eine Menge Menschen mit wunderbaren, kreativen Visionen, die bereit sind, Verbindungen zu schaffen! Überall, in jeder Stadt können Familienzentren geschaffen werden, wenn wir im Gegenzug bereit sind, dafür zu bezahlen und sowohl innere als auch äußere Räume zur Verfügung zu stellen.

Diese Investitionen werden sich für uns alle lohnen, denn wir werden in der Folge weniger Suchtkranke, weniger psychisch Kranke, weniger auf Sozialleistungen angewiesene Menschen haben und mehr selbstständige, gesunde und vor allem glückliche Menschen – wir entscheiden, ob wir aus einem Teufelskreis einen Engelskreis erschaffen.

Nachwort

Liebe Leserin, lieber Leser,

darf ich fragen, wie es Ihnen nach der Lektüre dieses Buches geht? Fühlen Sie sich vielleicht bestätigt, in Ihren eigenen Gedanken? Und beruhigt, dass sich wieder jemand dieses Themas angenommen hat? Oder irritiert? Eventuell sogar wütend? Vielleicht verspüren Sie auch große Freude darüber, sich endlich auf den Weg zu neuem Denken und Handeln gemacht zu haben, und gehen von nun an (noch) bewusster mit dem Thema emotionale Gewalt um.

Ich bin froh und auch sehr hoffnungsvoll, denn Sie haben sich für ein extrem unbeliebtes, schwieriges und gerade deshalb so wichtiges Thema entschieden und bis zum Schluss durchgehalten. Sie waren mutig, weil Sie sicher schon zu Beginn der Lesereise geahnt haben, dass Sie sich an der ein oder anderen Stelle unter Umständen wiedererkennen könnten. Sie haben gerade einige Stunden Ihrer Lebenszeit investiert, um sich zu informieren, Ihren Blick zu weiten und sich selbst zu reflektieren. Sie hätten in dieser Zeit auch einen packenden Roman oder spannenden Thriller lesen können. Sie haben sich stattdessen für dieses Buch entschieden. Damit gehören Sie zu den Menschen, denen das Wohl der Kinder wirklich am Herzen liegt! Ich vermute auch, dass wir eine ähnliche Vision haben, nämlich jene einer gewaltfreien Welt für uns alle. Und nachdem wir diese Vision teilen, wissen wir, dass der Weg in die Zukunft hier und jetzt beginnt.

Wenn Sie Eltern sind und/oder beruflich mit Kindern zu tun haben, kommt es verstärkt genau auf Sie an! Es kommt aber gleichzeitig auch auf alle Menschen an, denn jeder hat irgendwie, irgendwo, irgendwann mit Kindern zu tun, und die Haltung unseren Kindern gegenüber ist nun einmal maßgeblich dafür, wie wir mit den Schwächsten in unserer Gesellschaft umgehen. Weil es uns alle angeht, sollten wir uns immer und immer wieder fragen: Sehen wir Kinder weiterhin als defizitäre Wesen oder als Potenzialträger und vollwertige Menschen, mit denen wir würdevoll umgehen?

Meine Hoffnung auf eine nachhaltige Veränderung gründet auf der Tatsache, dass wir Menschen in so vielen verschiedenen Bereichen so immens viel geschafft haben und Information immer der erste Schritt in Richtung Veränderung ist.

In diesem Sinne beschließe ich dieses Buch mit den gleichen Worten, mit denen ich es begonnen habe: *Gemeinsam können wir diese wichtige individuelle und gesellschaftliche Veränderung in Richtung einer gewaltfreien Kindheit für alle schaffen – davon bin ich überzeugt.*

Danke, dass Sie diesen Weg bis hierher mit mir gegangen sind und vielleicht noch weitergehen werden!

Dr. Anke Elisabeth Ballmann
Im Dezember 2021

Danke an die Hoffnung und an …

… Sie, liebe Leserinnen und Leser! Sie haben sich für ein Buch mit einem schwierigen Thema entschieden, und damit sind Sie der größte Teil der Hoffnung. Durch Information und Bewusstmachung können wir es gemeinsam schaffen, Erziehungsveränderungen zu bewirken und neue Wege im Umgang mit Kindern zu gehen.

… Sie, liebe Lektorinnen, Julia Sterthoff und Dr. Daniela Gasteiger! Ein Buch ist immer ein Gesamtwerk, deshalb gilt mein herzlichster Dank Ihren wertvollen Anregungen und der Arbeit des gesamten Verlagsteams.

… Sie, liebe Monika B. Paitl! Sie haben mich auch durch dieses Buch begleitet, den Part des »Advocatus Diaboli« übernommen und mich dadurch herausgefordert, emotional UND präzise zu schreiben.

… Sie, liebe Seminarteilnehmerinnen, Coachees und Eltern. Sie sind wunderbare Menschen, die mir ihr Herz ausgeschüttet haben. Sie ließen mich an Ihren freudvollen und schmerzvollen Geschichten teilhaben und haben mich dadurch zu diesem Buch inspiriert.

… Dich, meine liebe Freundin Julie! Kein Buch ohne Dich, kein Leben ohne Dich, und Du weißt – müsste ich ein Verbrechen begehen ;-) auch das nur mit Dir!

… Dich, mein liebster Carsten! Dir »gehört« ein ganzes Kapitel und meine uneingeschränkte Hochachtung vor Deiner Lebensleistung. Du bist der Beweis dafür, dass sich Hoffnungen erfüllen können.

Danke!

Adressen

Hier finden Sie Informationen rund um die Thematik Gewalt an Kindern und kostenfreie Unterstützung:
www.dksb.de
www.familienportal.de
www.nummergegenkummer.de
www.stiftung-gewaltfreie-kindheit.de

Hier finden Sie Beratungs- und Kursangebote für ein kindgerechtes Leben:
www.artgerecht-projekt.de
www.elternmorphose.de
www.frag-frieda.de
www.lernmeer.de

Hier finden Sie zukunftsweisende Organisationen und Präventionsprojekte:
www.dieneuenschulen.de
www.liebevoll.jetzt
www.pfoten-weg.de
www.schule-im-aufbruch.de

Quellen

Weiterführende Literatur

Andersch, Nicole (2009): *Psychische Gewalt in der Erziehung und die Prävention durch Elternbildung.* **Diplomica Verlag.**

Baer, Udo; Baer-Frick, Gabriele (2021): *Wie Kinder fühlen.* **Beltz.**

Ballmann, Anke Elisabeth (2019): *Seelenprügel: Was Kindern in Kitas wirklich passiert. Und was wir dagegen tun können.* **Kösel.**

Bartens, Werner (2018): *Emotionale Gewalt. Was uns wirklich wehtut: Kränkung, Demütigung, Liebesentzug und wie wir uns dagegen schützen.* **Rowohlt.**

Bartscher, Matthias (2021): *Bildungs- und Erziehungspartnerschaft in Schulen.* **Kallmeyer.**

Bauer, Joachim (2006): *Warum ich fühle, was du fühlst: Intuitive Kommunikation und das Geheimnis der Spiegelneurone (aktualisierte Neuausgabe).* **Heyne.**

Bauer, Joachim (2011): *Schmerzgrenze. Vom Ursprung alltäglicher und globaler Gewalt.* **Blessing.**

Bauer, Joachim (2019): *Wie wir werden, wer wir sind. Die Entstehung des menschlichen Selbst durch Resonanz.* **Blessing.**

Bierhoff, Hans-Werner (1997): *Aggression und Gewalt: Phänomene, Ursachen und Interventionen.* **Kohlhammer.**

Brisch, Karl Heinz (Hrsg.): *Bindung und emotionale Gewalt.* **Klett-Cotta.**

Brumlik, Micha (2007): *Vom Missbrauch der Disziplin. Antworten der Wissenschaft auf Bernhard Bueb.* **Beltz.**

Cunningham, Hugh (2006): *Die Geschichte des Kindes in der Neuzeit.* **Patmos.**

deMause, Lloyd (1977): *Hört ihr die Kinder weinen. Eine psychogenetische Geschichte der Kindheit.* **Suhrkamp.**

Diekmann, Elina (2021): *Narzisstische Mutter – Vom Verbot, du selbst zu sein: Wie du das Trauma der nicht liebenden Mutter heilst und wundersame Kraft über dein eigenes Leben gewinnst.* **Strong Woman Publishing.**

Doucleff, Michaeleen (2021): *Kindern mehr zutrauen: Erziehungsgeheimnisse indigener Kulturen. Stressfrei – gelassen – liebevoll.* **Kösel.**

George, Yvonne (2020): *Gewaltfreie Kommunikation mit Kindern: Bleibe mit deinem Kind in Verbindung – trotz Wut, Streit und Krisen.* **MBS.**

Gibson, Lindsay C. (2018): *Kalte Kindheit. Wie wir trotz unemotionaler Eltern Wärme im Leben finden.* **Kailash.**

Goffmann, Erving (2010): *Stigma: Über Techniken der Bewältigung beschädigter Identität.* **Suhrkamp.**

Hohmann, Kathrin (2021): *Gemeinsam durch die Wut. Wie ein achtsamer Umgang mit kindlichen Aggressionen die Beziehung stärkt.* **Edition claus.**

Huber, Michaela et al. (2012): *Transgenerationale Traumatisierung.* **Junfermann.**

Hüter, Michael (2018): *Kindheit 6.7. Ein Manifest.* **Edition Libero & Mundo.**

Hüther, Gerald; Gebauer, Karl (2011): *Kinder brauchen Wurzeln: Neue Perspektiven für eine gelingende Entwicklung.* **Patmos.**

Jacob, Gitta et al. (2017): *Andere Wege gehen. Lebensmuster verstehen und verändern – ein schematherapeutisches Selbsthilfebuch.* **Beltz.**

Kohn, Alfie (2015): *Der Mythos des verwöhnten Kindes. Erziehungslügen unter die Lupe genommen.* **Beltz.**

Largo, Remo H. (2019): *Das passende Leben. Was unsere Individualität ausmacht und wie wir sie leben können.* **Fischer.**

Lenz, Albert (2014): *Kinder psychisch kranker Eltern.* **Hogrefe.**

Maywald, Jörg (2012): *Kinder haben Rechte!: Kinderrechte kennen – umsetzen – wahren. Für Kindergarten, Schule und Jugendhilfe.* **Beltz.**

Nakazawa, Donna Jackson (2018): *Wenn die Kindheit krank macht: Frühe seelische Verletzungen – die wahre Ursache für Übergewicht, Herz-Kreislauferkrankungen und Co.* **Goldmann.**

Peichl, Jochen (2018): *Innere Kritiker, Verfolger und Zerstörer: Ein Praxishandbuch für die Arbeit mit Täterintrojekten.* **Klett-Cotta.**

Rosenberg, Marshall B. (2001): *Gewaltfreie Kommunikation. Eine Sprache des Lebens.* **Junfermann.**

Schmidt, Nicola (2020): *Der Elternkompass. Was ist wirklich gut für mein Kind? Alle wissenschaftlichen Studien ausgewertet.* **Gräfe & Unzer.**

Seichter, Sabine (2020): *Das »normale« Kind. Einblicke in die Geschichte der schwarzen Pädagogik.* **Beltz.**

Siegel, Daniel J.; Bryson, Tina Payne (2015): *Achtsame Kommunikation mit Kindern. Revolutionäre Strategien aus der Hirnforschung für die gesunde Entwicklung Ihres Kindes.* **Arbor.**

Tsokos, Michael; Guddat, Saskia (2014): *Deutschland misshandelt seine Kinder.* **Droemer.**

Wittmann, Lutz (2020): *Trauma: Psychodynamik – Therapie – Empirie.* **Kohlhammer.**

Young, Jeffrey E. et al. (2016): *Sein Leben neu erfinden. Wie Sie Lebensfallen meistern.* **Junfermann.**

Ziegenhain, Ute et al. (2006): *Entwicklungspsychologische Beratung für junge Eltern. Grundlagen und Handlungskonzepte für die Jugendhilfe.* **Juventa Verlag.**

Zobel, Martin (2008): *Wenn Eltern zu viel trinken. Hilfen für Kinder und Jugendliche aus Suchtfamilien.* **Balance-Buch-und-Medien-Verlag.**

Anmerkungen

1 Trauma-Trigger: http://posttraumatische-belastungsstoerung.com/trauma-trigger (abgerufen am: 15.12.2021).

2 Kolk, B. Van der (2015): The Body Keeps the Score: Mind, Brain and Body in the Transformation of Trauma. Penguin.

3 König, V. (2021): Bin ich traumatisiert? Wie wir die immer gleichen Problemschleifen verlassen. Gräfe & Unzer.

4 Dettner, T. (2018): Klassische und moderne Bindungsforschung. Psychosoziale Grundlagen für die Persönlichkeitsentwicklung. ScienceFactory.

5 Diekmann, E. (2021): Narzisstische Mutter – Vom Verbot, du selbst zu sein: Wie du das Trauma der nicht liebenden Mutter heilst und wundersame Kraft über dein eigenes Leben gewinnst. Strong Woman Publishing.

6 https://link.springer.com/article/10.1007/s11019-019-09933-3 (abgerufen am: 11.02.2022).

7 https://opendata.uni-halle.de//handle/1981185920/34874 (abgerufen am: 15.12.2021).

8 www.uniklinik-ulm.de/fileadmin/default/Kliniken/Kinder-Jugendpsychiatrie/Praesentationen/2021_04_30_FE_DKSB_Fachtagung.pdf (abgerufen am: 15.12.2021).

9 Hüther, G. (2021): Lieblosigkeit macht krank. Was unsere Selbstbildungskräfte stärkt und wie wir endlich gesünder und glücklicher werden. Herder.

10 www.euro.who.int/de/health-topics/disease-prevention/violence-and-injuries/news/news/2020/6/the-rise-and-rise-of-interpersonal-violence-an-unintended-impact-of-the-covid-19-response-on-families (abgerufen am: 15.12.2021).

11 Tsokos, M.; Guddat, S. (2014): Deutschland misshandelt seine Kinder. Droemer.

12 Beispielhaft: Shimura, A. et al.: Childhood Parental Bonding Affects Adulthood Trait Anxiety Through Self-Esteem. Comprehensive Psychiatry (74) 2017, S. 15–20, DOI: 10.1016/j.comppsych.2016.12.005

13 www.familienhandbuch.de/babys-kinder/erziehungsfragen/allgemein/KinderundJugendlicheinderVerwoehnungsfalle.php (abgerufen am: 15.12.2021).

14 www.muetterberatung.de/wackelzahnpubertat-bei-kindern/ (abgerufen am 05.12.2021).

15 Nakazawa, D. J. (2018): Wenn die Kindheit krank macht: Frühe seelische Verletzungen – die wahre Ursache für Übergewicht, Herz-Kreislauferkrankungen und Co. Goldmann.

16 Wang, M.-T.; Kenny, Sarah (2014): Longitudinal Links Between Fathers' and Mothers' Harsh Verbal Discipline and Adolescents' Conduct Problems and Depressive Symptoms. Child Development 85,3, S. 908–923, https://deepblue.lib.umich.edu/bitstream/handle/2027.42/106863/cdev12143.pdf?sequence=1&isAllowed=y (abgerufen am: 15.12.2021).

17 Ziegler, H. (2013): Gewaltstudie 2013. Gewalt- und Missachtungserfahrungen von Kindern und Jugendlichen in Deutschland. Universität Bielefeld in Zusammenarbeit mit der Bepanthen Kinderförderung.

18 Sitzer, P. (2015): Verbale und nonverbale Gewalt. In: Melzer, W. et al. (Hrsg.): Handbuch Aggression, Gewalt und Kriminalität bei Kindern und Jugendlichen. Julius Klinkhardt, S. 168–171.

19 www.mpg.de/4658054/Kooperation_bei_Kleinkindern (abgerufen am: 15.12.2021)

20 Bauer, J. (2019): Wie wir werden, wer wir sind. Die Entstehung des menschlichen Selbst durch Resonanz. Blessing, S. 36.

21 www.spektrum.de/news/in-den-schlaf-weinen-und-die-spaetfolgen/1420228 (abgerufen am 15.12.2021)

22 Bauer, J. (2017): Die Bedeutung von Spiegelung und Resonanz für die Entstehung des kindlichen Selbst. Eine neurowissenschaftliche Perspektive, in: Brisch, K. H. (Hrsg.): Bindung und emotionale Gewalt. Klett-Cotta Fachbuch, S. 212–225.

23 Wang, M.-T.; Kenny, Sarah (2014): Longitudinal Links Between Fathers' and Mothers' Harsh Verbal Discipline and Adolescents' Conduct Problems and Depressive Symptoms. Child Development 85,3, S. 908–923, https://deepblue.lib.umich.edu/bitstream/handle/2027.42/106863/cdev12143.pdf?sequence=1&isAllowed=y (abgerufen am: 15.12.2021).

24 Kolk, B. Van der (2009): Entwicklungstrauma-Störung: Auf dem Weg zu einer sinnvollen Diagnostik für chronisch traumatisierte Kinder. Praxis der Kinderpsychologie und Kinderpsychiatrie 58, S. 572–586.

25 www2.ims.uni-stuttgart.de/sgtutorial/neurorad.html (abgerufen am: 15.12.2021)

26 Bauer, J. (2011): Schmerzgrenze: Vom Ursprung alltäglicher und globaler Gewalt. Blessing.

27 Teicher, M. H. (2000): Wounds that Time Won't Heal: The Neurobiology of Child Abuse. Cerebrum 4(2), S. 50–67.

28 www.nature.com/articles/s41380-021-01367-9 (abgerufen am: 15.12.2021).

29 Sachse, R.; Langens, T. (2014): Emotionen und Affekte in der Psychotherapie. Hogrefe.

30 Blackburn, E. (2018): The Telomere Effect: A Revolutionary Approach to Living Younger, Healthier, Longer. Orion Spring.

31 Siegel, D. J.; Bryson, T. P. (2015): Achtsame Kommunikation mit Kindern. Revolutionäre Strategien aus der Hirnforschung für die gesunde Entwicklung Ihres Kindes. Arbor.
32 Ohntrup, J. M.; Pollak, E.; Plaß, A.; Wiegand-Grefe, S. (2011): Parentifizierung – Elternbefragung zur destruktiven Parentifizierung von Kindern psychisch erkrankter Eltern. In: Wiegand-Grefe, S.; Mattejat, F.; Lenz, A. (Hrsg.): Kinder mit psychisch kranken Eltern. Klinik und Forschung. Vandenhoeck & Ruprecht, S. 375–398.
33 Koch, C. (2019): Trennungskinder: Wie Eltern und ihre Kinder nach Trennung und Scheidung wieder glücklich werden. Patmos.
34 Hausser, A. (2012): Die Parentifizierung von Kindern bei psychisch kranken und psychisch gesunden Eltern und die psychische Gesundheit der parentifizierten Kinder. Dissertation zur Erlangung des Grades eines Doktors der Medizin dem Fachbereich Medizin der Universität Hamburg.
35 https://parentifizierung.de/folgen/ (abgerufen am: 15.12.2021).
36 Gibson, L. C. (2018): Kalte Kindheit. Wie wir trotz unemotionaler Eltern Wärme im Leben finden. Kailash, S. 119ff.
37 www.uniklinik-ulm.de/fileadmin/default/05_Uber-uns/2020-06-27_Faktenblatt_Gewalt_gegen_Kinder.pdf (abgerufen am: 15.12.2021).
38 www.mpg.de/4658054/Kooperation_bei_Kleinkindern (abgerufen am: 15.12.2021)
39 Berger, S. (2019): *Geniale Kindsköpfe: Wie Babys die Welt erforschen und was wir von ihnen lernen können*. Kösel.
40 Winkler, M.: Kindheitsgeschichte, docupedia Version: 1.0, Docupedia-Zeitgeschichte, 17.10.2016, http://docupedia.de/zg/Winkler_kindheitsgeschichte_v1_de_2016
DOI: http://dx.doi.org/10.14765/zzf.dok.2.707.v1 (abgerufen am 15.12.2021).
41 deMause, L. (1980): Hört ihr die Kinder weinen? Eine psychogenetische Geschichte der Kindheit. Suhrkamp.
42 Seichter, S. (2020): Das »normale« Kind. Einblicke in die Geschichte der schwarzen Pädagogik. Beltz, S. 44f.
43 Letzte Auflage: Haarer, J. (1987): Die Mutter und ihr erstes Kind. Gerber (Originaltitel 1934: Die deutsche Mutter und ihr erstes Kind. Lehmann).
44 Gebhardt, M. (2020): *Die Angst vor dem kindlichen Tyrannen: Eine Geschichte der Erziehung im 20. Jahrhundert*. DVA.
45 Rutschky, K. (1977): Schwarze Pädagogik: Quellen zur Naturgeschichte der bürgerlichen Erziehung. Ullstein.
46 Miller, A. (1983): Am Anfang war Erziehung. Suhrkamp.
47 Rippl, S.; Seipel, Ch.; Kindervater, A. (2000): Autoritarismus-Kontroversen und Ansätze der aktuellen Autoritarismusforschung. Leske und Budrich.
48 https://www.researchgate.net/figure/Gender-disappointment-among-different-genders_fig3_329249373 (abgerufen am: 15.12.2021).
49 Nolting, H. (2015): Psychologie der Aggression: Warum Ursachen und Auswege so vielfältig sind. Rowohlt.

50 https://dpt-statisch.s3.eu-central-1.amazonaws.com/dpt-digital/dpt-25/medien/dateien/180/Klaus-Wahl-Fruehe-Praevention-DPT-Kassel-2020.pdf (abgerufen am: 15.12.2021).
51 Nolting, H. (2015): Psychologie der Aggression: Warum Ursachen und Auswege so vielfältig sind. Rowohlt.
52 Hafez, K. (2017): Hass im Internet. Zivilitätsverluste in der digitalen Kommunikation. Communicatio Socialis 50,3, S. 318–333, www.nomos-elibrary.de/10.5771/0010-3497-2017-3-318/hass-im-internet-zivilitaetsverluste-in-der-digitalen-kommunikation-jahrgang-50-2017-heft-3?page=1 (abgerufen am: 15.12.2021)
53 Brisch, Karl Heinz (2017): Bindung und emotionale Gewalt. Klett-Cotta.
54 Keil, K. (2006): *Aggression. Aggressionstheorien, aggressives Verhalten, Formen der Aggression*. Grin.
55 Bandura, A. (1976): Lernen am Modell. Ansätze zu einer sozial-kognitiven Lerntheorie. Klett.
56 Juul, J. (2020): Respekt, Vertrauen & Liebe: Was Kinder von uns brauchen. Beltz.
57 Gerum, M; Heintz-Martin, V.; Zerle-Elsäßer, C. (2021): Was Mütter stresst, www.dji.de/themen/eltern/was-muetter-stresst.html (abgerufen am: 15.12.2021).
58 www.kkh.de/presse/pressemeldungen/eltern-unter-strom--wenn-der-alltag-an-der-seele-nagt (abgerufen am: 15.12.2021).
59 Cina, A. et al. (2009): Zusammenhang zwischen Stress der Eltern und kindlichem Problemverhalten. Kindheit und Entwicklung 18,1, S. 39–48.
60 Bierhoff, H. (1997): Aggression und Gewalt: Phänomene, Ursachen und Interventionen. Kohlhammer.
61 Doucleff, M. (2021): Kindern mehr zutrauen: Erziehungsgeheimnisse indigener Kulturen. Stressfrei – gelassen – liebevoll. Kösel.
62 Bartens, W. (2018): Emotionale Gewalt. Was uns wirklich wehtut: Kränkung, Demütigung, Liebesentzug und wie wir uns dagegen schützen. Rowohlt, S. 102.
63 Bauer, J. (2011): Schmerzgrenze. Vom Ursprung alltäglicher und globaler Gewalt. Blessing, S. 109.
64 Bartens, W. (2018): Emotionale Gewalt. Was uns wirklich wehtut: Kränkung, Demütigung, Liebesentzug und wie wir uns dagegen schützen. Rowohlt, S. 62f.
65 Felitti V. (2002): The Relationship of Adverse Childhood Experiences to Adult Health: Turning Gold into Lead / Belastungen in der Kindheit und Gesundheit im Erwachsenenalter: Die Verwandlung von Gold in Blei. Z Psychosom Med Psychother 48,4, S. 359–369.
66 Metin, B. et al. (2009): A Multivariate Contextual Analysis of Torture and Cruel, Inhuman, and Degrading Treatments: Implications for an Evidence-based Definition of Torture. Archives of General Psychiatry 64, S. 277.
67 www.gesundheitsforschung-bmbf.de/de/korperliche-und-emotionale-gewalt-beeinflussen-den-stresshormonspiegel-bei-kindern-7004.php (abgerufen am 15.12.2021).

68 Franz, M. (2006): Traumatische Kindheit – ihre Folgen für das Erwachsenenleben. Psychotherapie im Dialog 7,1, S. 83–88.
69 Grossmann, K. E.; Grossmann, K.: Das eingeschränkte Leben. Folgen mangelnder und traumatischer Bindungserfahrungen, www.dijg.de/ehe-familie/bindung/mangelnde-bindung-erfahrung/ (abgerufen am: 15.12.2021).
70 Werner, E. (1992): Overcoming the Odds: High Risk Children from Birth to Adulthood. Cornell University Press.
71 Kross, E. et al. (2011): Social Rejection Shares Somatosensory Representations with Physical Pain. Proceedings of the National Academy of Sciences 108,15, S. 6270–6275.
72 Ballmann, A. E. (2019): Seelenprügel: Was Kindern in Kitas wirklich passiert. Und was wir dagegen tun können. Kösel.
73 Krenz, A. (2012): Kinderseelen verstehen. Verhaltensauffälligkeiten und ihre Hintergründe. Kösel.
74 Liebenwein, S. (2008): Erziehung und soziale Milieus. Elterliche Erziehungsstile in milieuspezifischer Differenzierung. Verlag für Sozialwissenschaften.
75 Lorenz, H. (2005): Kriegskinder: Das Schicksal einer Generation. List.
76 Strüber, N. (2016): Die erste Bindung. Klett-Cotta.
77 Young, J. et al. (2016): Sein Leben neu erfinden. Wie Sie Lebensfallen meistern. Junfermann.
78 Jacob, G. et al. (2017): Andere Wege gehen. Lebensmuster verstehen und verändern – ein schematherapeutisches Selbsthilfebuch. Beltz.
79 deMause, L. (1977): Hört ihr die Kinder weinen? Eine psychogenetische Geschichte der Kindheit. Suhrkamp.
80 www.unicef.de/informieren/ueber-uns/fuer-kinderrechte/un-kinderrechtskonvention (abgerufen am: 15.12.2021).
81 www.lpb-bw.de/kinderrechte-im-gg#c67928 (abgerufen am: 15.12.2021).
82 Maywald, J. (2016): Kinderrechte, Elternrechte und staatliches Wächteramt. Wann darf der Staat in die elterliche Autonomie eingreifen?. Bundesgesundheitsblatt 59, S. 1337–1342.
83 Fegert, J. et al. (2020): 20 Jahre gewaltfreie Erziehung im BGB. Unicef, www.unicef.de/informieren/materialien/studie-koerperstrafen-deutschland/239470 (abgerufen am: 15.12.2021).
84 https://bildungswissenschaftler.de/5000-jahre-kritik-an-jugendlichen-eine-sichere-konstante-in-der-gesellschaft-und-arbeitswelt/ (abgerufen am: 15.12.2021).
85 www.businessinsider.de/wirtschaft/millennials-in-deutschland-gehen-mit-ihrer-zukunft-voellig-irrational-um-2019-4/ (abgerufen am 15.12.2021).
86 www.brandeins.de/magazine/brand-eins-wirtschaftsmagazin/2018/personal/generation-z-erst-das-vergnuegen-dann-die-arbeit (abgerufen am 15.12.2021).
87 Rentzow, L. (2014): Emotionale Kompetenz bei Kindern von 1 bis 3 – Mögliche Einflüsse von Beziehungen auf die Entwicklung emotionaler

Kompetenz, BA-Arbeit, https://digibib.hs-nb.de/file/dbhsnb_thesis_0000001239/dbhsnb_derivate_0000001783/Bachelorarbeit-Rentzow-2014.pdf (abgerufen am 15.12.2021).

88 Krenz, Armin (2012): Kinderseelen verstehen: Verhaltensauffälligkeiten und ihre Hintergründe. Kösel.

89 Baer, U.; Baer-Frick, G. (2021): Wie Kinder fühlen. Beltz, S. 179f.

90 www.swr.de/wissen/kinder-jugendliche-mit-psychischen-problemen-100.html (abgerufen am 05.12.2021)

91 Hüter, M. (2018): Kindheit 6.7. Ein Manifest. Edition Libero & Mundo, S. 19f.

92 KiGGS-Studie des Robert-Koch-Instituts 2. Welle (2018), www.rki.de/DE/Content/Gesundheitsmonitoring/Gesundheitsberichterstattung/GBE-DownloadsJ/FactSheets/JoHM_03_2018_Psychische_Auffaelligkeiten_KiGGS-Welle2.pdf?__blob=publicationFile (abgerufen am 15.12.2021).

93 Ebd., S. 22.

94 Hohmann, K. (2021): Gemeinsam durch die Wut. Wie ein achtsamer Umgang mit kindlichen Aggressionen die Beziehung stärkt. Edition claus, S. 107.

95 Baer, U., Baer-Frick, G. (2021): Wie Kinder fühlen. Beltz, S. 186.

96 Larsson, L. (2012): Wut, Schuld und Scham: Drei Seiten der gleichen Medaille. Junfermann.

97 Leyer, K. (2003): Parentale Hilflosigkeit – ein systemisches Konstrukt für die therapeutische und pädagogische Arbeit mit Kindern. Familiendynamik 28,4, S. 467–491.

98 Fegert, J. (2017): Die Bedeutung früher Kindheitsbelastungen. Vortrag während der Langen Nacht der Wissenschaft, Universitätsklinikum Ulm, S. 7, www.uniklinik-ulm.de/fileadmin/default/Kliniken/Kinder-Jugendpsychiatrie/Praesentationen/FE_2017_07_21_LangeNacht Wissenschaft.pdf (abgerufen am: 15.12.2021).

99 www.cdc.gov/violenceprevention/aces/index.html?CDC_AA_refVal=https%3A%2F%2Fwww.cdc.gov%2Fviolenceprevention%2Facestudy%2Findex.html (abgerufen am 15.12.2021).

100 Witt, A. et al. (2019): The Prevalence and Consequences of Adverse Childhood Experiences in the German Population. Deutsches Ärzteblatt International 116, S. 635–642. DOI: 10.3238/arztebl.2019.0635

101 Hughes, K. et al. (2017): The Effect of Multiple Adverse Childhood Experiences on Health: A Systematic Review and Meta-Analysis. Lancet Public Health 2: e356–66.

102 Werner, E.; Smith, R. (2001): Journeys from Childhood to Midlife: Risk, Resilience, and Recovery: A Guide to International Stories in Classical Literature. Cornell University Press.

103 Fegert, J. (2017): Die Bedeutung früher Kindheitsbelastungen. Vortrag während der Langen Nacht der Wissenschaft, Universitätsklinikum Ulm, S. 13f., www.uniklinik-ulm.de/fileadmin/default/Kliniken/Kinder-Jugendpsychiatrie/Praesentationen/FE_2017_07_21_LangeNacht Wissenschaft.pdf (abgerufen am 15.12.2021).

104 Ebd., S. 44.

105 Zurbriggen, E.; Ben Hagai, E. (2017): Die Folgen frühen emotionalen Missbrauchs für das Leben und die Beziehungen der erwachsenen Personen, in: Brisch, K. H. (Hrsg.): Bindung und emotionale Gewalt. Klett-Cotta Fachbuch, S. 226–241, S. 226f.

106 Ebd.

107 Rittmannsberger, D.; Schieß, J. (2013): Gewalt in Zahlen? Auswirkungen verschiedener Formen von Gewalt auf den Schweregrad der Symptomatik der Posttraumatischen Belastungsstörung, Diplomarbeit, http://othes.univie.ac.at/30066/1/2013-09-10_0702163.pdf (abgerufen am: 15.12.2021).

108 Young, C. et al. (1995): Some New Insights into Bladder Function in Infancy. British Journal of Urology 76, S. 235–240.

109 Schmidt, N. (2020): Der Elternkompass. Was ist wirklich gut für mein Kind? Alle wissenschaftlichen Studien ausgewertet. Gräfe & Unzer, S. 126f.

110 Schmidt, N. (2020): Der Elternkompass. Was ist wirklich gut für mein Kind? Alle wissenschaftlichen Studien ausgewertet. Gräfe & Unzer, S. 140.

111 Zurbriggen, E.; Ben Hagai, E. (2017): Die Folgen frühen emotionalen Missbrauchs für das Leben und die Beziehungen der erwachsenen Personen, in: Brisch, K. H. (Hrsg.): Bindung und emotionale Gewalt. Klett-Cotta Fachbuch, S. 226–241, S. 228.

112 Ebd., S. 229f.

113 Bowlby, J. (1959): Über das Wesen der Mutter-Kind-Bindung. Psyche 13, S. 415–456.

114 www.zeit-fragen.ch/en/archives/2019/no-8-2-april-2019/mary-ainsworth-taught-us-how-to-understand-our-children-and-ourselves.html (abgerufen am: 15.12.2021).

115 Ziegenhain, U. et al. (2006): Entwicklungspsychologische Beratung für junge Eltern. Grundlagen und Handlungskonzepte für die Jugendhilfe. Juventa Verlag, S. 106.

116 www.ifp.bayern.de/imperia/md/content/stmas/ifp/ifp_bkk_broschuere_feinf__hligkeit_von_eltern_und_erzieherinnen.pdf (abgerufen am: 15.12.2021).

117 Spangler, G.; Zimmermann, P. (2009): Die Bindungstheorie: Grundlagen, Forschung und Anwendung. Klett-Cotta.

118 Tibensky, L. (2008): Bindung im Adoptionskontext, Diplomarbeit, http://othes.univie.ac.at/3127/1/2008-12-16_0202191.pdf (abgerufen am: 15.12.2021).

119 www.familienhandbuch.de/familie-leben/partnerschaft/gelingend/bindunginpartnerschaften.php (abgerufen am 15.12.2021)

120 Brisch, K. (2016): Bindungsstörungen: von der Bindungstheorie zur Therapie. Klett-Cotta.

121 Brisch, K. (2004): Der Einfluss von traumatischen Erfahrungen auf die Neurobiologie und die Entstehung von Bindungsstörungen. Zeitschrift für Psychotraumatologie und psychologische Medizin 1, S. 1–40, S. 6f.

122 Winterhoff, M. (2009): Warum unsere Kinder Tyrannen werden: Oder: Die Abschaffung der Kindheit. Goldmann.
123 Schmidt, N. (2020): Der Elternkompass. Was ist wirklich gut für mein Kind? Alle wissenschaftlichen Studien ausgewertet. Gräfe & Unzer, S. 140.
124 Vries, M. de (1984): Temperament und Infant Mortality among the Masai of East Afrika. American Journal of Psychiatry 121,10, S. 1189–1194.
125 Huber, M. et al. (2012): Transgenerationale Traumatisierung. Junfermann.
126 Suffren, S. et al. (2021): Prefrontal Cortex and Amygdala Anatomy in Youth with Persistent Levels of Harsh Parenting Practices and Subclinical Anxiety Symptoms over Time during Childhood, Development and Psychopathology, S. 1–12, DOI: https://doi.org/10.1017/S0954579420001716 (abgerufen am: 15.12.2021).
127 Schmidt, N. (2020): Erziehen ohne Schimpfen. Alltagsstrategien für eine artgerechte Erziehung. Gräfe & Unzer, S. 77f.
128 Rosenberg, M. (2001): Gewaltfreie Kommunikation. Eine Sprache des Lebens. Junfermann.
129 Peichl, J. (2018): Innere Kritiker, Verfolger und Zerstörer: Ein Praxishandbuch für die Arbeit mit Täterintrojekten. Klett-Cotta.
130 Sommer, M. (2020): Gewaltfreie Kommunikation mit Kindern. Independently published, S. 59f.
131 George, Y. (2020): *Gewaltfreie Kommunikation mit Kindern: Bleibe mit deinem Kind in Verbindung – trotz Wut, Streit und Krisen*. MBS.
132 Kohn, A. (2015): Der Mythos des verwöhnten Kindes. Erziehungslügen unter die Lupe genommen. Beltz.
133 Ehm, J.; Lonnemann, J.; Hasselhorn, M. (2017): *Wie Kinder zwischen vier und acht Jahren lernen: Psychologische Erkenntnisse und Konsequenzen für die Praxis (Lehren und Lernen)*. Kohlhammer.
134 Ballmann, A. E. (2019): Seelenprügel: Was Kindern in Kitas wirklich passiert. Und was wir dagegen tun können. Kösel.
135 Wettig, J. (2006): Eltern-Kind-Bindung. Kindheit bestimmt das Leben. Deutsches Ärzteblatt 103,36, A 2298–2301, www.aerzteblatt.de/archiv/52989/Eltern-Kind-Bindung-Kindheit-bestimmt-das-Leben (abgerufen am: 15.12.2021).
136 https://taz.de/Umfrage-zu-Personal-in-Kinderbetreuung/!5783613/ (abgerufen am: 15.12.2021).
137 Hüter, M. (2018): Kindheit 6.7. Ein Manifest. Edition Libero & Mundo, S. 252.
138 Winkler, M. (2019): ADHS und Schulfähigkeit für die 1. Klasse, Blog ADHS-Spektrum, https://adhsspektrum.com/2019/08/02/adhs-und-schulfahigkeit-fur-die-1-klasse/ (abgerufen am: 15.12.2021).
139 www.aerzteblatt.de/nachrichten/121641/Immer-mehr-Kinder-und-Jugendliche-erhalten-eine-Psychotherapie (abgerufen am: 15.12.2021).
140 www.sueddeutsche.de/bayern/bericht-der-bildungsexperten-die-lehrer-sind-am-ende-ihrer-kraft-1.2260860 (abgerufen am: 15.12.2021).

141 Schmidt, N. (2020): Der Elternkompass. Was ist wirklich gut für mein Kind? Alle wissenschaftlichen Studien ausgewertet. Gräfe & Unzer, S. 193f.
142 Gürtler, H. (2000): So wird mein Kind selbstbewusst. Midena.
143 Schmidt, N. (2020): Der Elternkompass. Was ist wirklich gut für mein Kind? Alle wissenschaftlichen Studien ausgewertet. Gräfe & Unzer, S. 194.
144 Bauer, J. (2019): Wie wir werden, wer wir sind. Die Entstehung des menschlichen Selbst durch Resonanz. Blessing, S. 113f.
145 Brumlik, M. (2007): Vom Missbrauch der Disziplin. Antworten der Wissenschaft auf Bernhard Bueb. Beltz.
146 Hafeneger, B. (2013): Beschimpfen, bloßstellen, erniedrigen. Beschämung in der Pädagogik. Brandes & Apsel.
147 Hüter, M. (2018): Kindheit 6.7. Ein Manifest. Edition Libero & Mundo, S. 29.
148 www.destatis.de/DE/Themen/Gesellschaft-Umwelt/Bildung-Forschung-Kultur/Schulen/Publikationen/Downloads-Schulen/privatschulen-deutschland-dossier-2020.pdf?__blob=publicationFile (aufgerufen am: 15.12.2021).
149 www.deutschlandfunk.de/konkurrenz-oder-bereicherung-100.html (aufgerufen am: 15.12.2021).
150 Eichhorn, Ch. (2011): *Bei schlechten Noten helfen gute Eltern: Wie Sie Ihre Kinder klug fördern und richtig coachen.* Klett-Cotta.
151 www.nzz.ch/international/neuer-bildungsmonitor-die-schulqualitaet-in-deutschland-sinkt-ld.1641065 (abgerufen am: 15.12.2021).
152 www.nifbe.de/component/themensammlung?view=item&id=465:keine-bildung-ohne-beziehung&catid=52 (aufgerufen am: 15.12.2021).
153 Bauer, J. (2006): *Warum ich fühle, was du fühlst: Intuitive Kommunikation und das Geheimnis der Spiegelneurone (aktualisierte Neuausgabe).* Heyne.
154 Textor, M. (2020): Bildungs- und Erziehungspartnerschaft in Kindertageseinrichtungen. Books on Demand.
155 Bartscher, M. (2021). Bildungs- und Erziehungspartnerschaft in Schulen. Kallmeyer.
156 Hüter, M. (2018): Kindheit 6.7. Ein Manifest. Edition Libero & Mundo, S. 252f.
157 Fritzsche, B.; Köpfer, A. (2021): *Inklusionsforschung zwischen Normativität und Empirie: Abgrenzungen und Brückenschläge. Barbara Budrich.*
158 Maywald, J. (2012): Kinder haben Rechte!: Kinderrechte kennen – umsetzen – wahren. Für Kindergarten, Schule und Jugendhilfe. Beltz, S. 122.
159 www.destatis.de/DE/Themen/Gesellschaft-Umwelt/Soziales/Kindertagesbetreuung/_inhalt.html (abgerufen am: 15.12.2021).
160 Maywald, J. (2012): Kinder haben Rechte!: Kinderrechte kennen – umsetzen – wahren. Für Kindergarten, Schule und Jugendhilfe. Beltz, S. 124.
161 Ebd., S. 129.
162 https://schule-im-aufbruch.de/ (abgerufen am: 15.12.2021).

163 Hüther, G.; Gebauer, K. (2011): Kinder brauchen Wurzeln: Neue Perspektiven für eine gelingende Entwicklung. Patmos.
164 Wittmann, L. (2020): *Trauma: Psychodynamik – Therapie – Empirie.* Kohlhammer.
165 Goffmann, E. (2010): Stigma: Über Techniken der Bewältigung beschädigter Identität. Suhrkamp.
166 www.thieme.de/de/psychiatrie-psychotherapie-psychosomatik/reviktimisierung-einmal-opfer-immer-opfer-61763.htm (abgerufen am: 15.12.2021).
167 Bentrup, C. (2020): Gewaltsame Erziehung und ihre Folgen im Altersverlauf. Monatsschrift für Kriminologie und Strafrechtsreform 103,2, S. 97–120, https://doi.org/10.1515/mks-2020-2042 (abgerufen am: 15.12.2021).
168 Mansel, J. (2001): Familiale Erziehung und Gewalterfahrungen: Hintergründe und Folgen der Viktimisierung. Zeitschrift für Familienforschung 13,3, S. 26–51, www.ssoar.info/ssoar/bitstream/handle/document/28249/ssoar-zff-2001-3-mansel-familiale_erziehung_und_gewalterfahrungen.pdf?sequence=1&isAllowed=y&lnkname=ssoar-zff-2001-3-mansel-familiale_erziehung_und_gewalterfahrungen.pdf (abgerufen am: 15.12.2021).
169 Roth, G. (2009), Neurobiologie der Aggression und der kriminellen Gewalt, Vortrag (Engelberger Dialoge), https://academia-engelberg.ch/programm/neurobiologie-der-aggression-und-der-kriminellen-gewalt/ (abgerufen am: 15.12.2021)
170 www.bertelsmannstiftung.de/fileadmin/files/BSt/Publikationen/GrauePublikationen/291_2020_BST_Facsheet_Kinderarmut_SGB-II_Daten__ID967.pdf (abgerufen am: 15.12.2021).
171 https://nacoa.de/infos/fakten/zahlen#:~:text=In%20Deutschland%20leben%20sch%C3%A4tzungsweise%20sechs,bis%2060.000%20Kinder%20drogenabh%C3%A4ngiger%20Eltern (abgerufen am: 15.12.2021).
172 Radiobeitrag (o. D.) zu Kindern psychisch erkrankter Eltern, MDR Kultur, www.dvgp.org/themen-engagement/kinder-psychisch-erkrankter-eltern.html#:~:text=Etwa%20drei%20Millionen%20Kinder%20in%20Deutschland%20leben%20mit%20einem%20psychisch%20kranken%20Elternteil (abgerufen am: 15-12.2021).
173 Willing, M. (2003): Das Bewahrungsgesetz (1918–1967). Mohr Siebeck; Ayaß, W. (1995): Asoziale im Nationalsozialismus. Klett-Cotta.
174 Rohde-Dachser, Ch. (2004): Das Borderline-Syndrom. Huber.
175 Lenz, A. (2014): Kinder psychisch kranker Eltern. Hogrefe, S. 27.
176 Abendschein, B. (2011): Kinder von an einer Borderline-Störung erkrankten Elternteilen: ein stationäres Eltern-Kind-Behandlungsangebot, Vortrag, www.lpk-bw.de/archiv/news2011/pdf/112011_abendschein_bps-eltern%20und%20ihre%20kinder.pdf (abgerufen am: 15.12.2021).
177 Amrein, C. (2020): Co-Abhängigkeit. Wie Angehörige durch suchtbegünstigendes Verhalten zur Verlängerung einer Suchterkrankung beitragen können, www.therapie.de/psyche/info/index/diagnose/co-abhaengigkeit/artikel/ (abgerufen am: 15.12.2021).

178 Zobel, M. (2008): Wenn Eltern zu viel trinken. Hilfen für Kinder und Jugendliche aus Suchtfamilien. Balance-Buch-und-Medien-Verlag.
179 Klein, M. (2005): Kinder aus suchtbelasteten Familien, in: Thomasius, R.; Küstner U. (Hrsg.): Familie und Sucht. Grundlagen, Therapiepraxis, Prävention. Verlag Schattauer, S. 52–59, S. 55.
180 Ebd.
181 Wegscheider, S. (1988): Es gibt doch eine Chance. Hoffnung u. Heilung für d. Alkoholiker Familie. Bögner-Kaufmann.
182 https://www.worldvision.de/informieren/institut/vierte-kinderstudie (abgerufen am: 15.12.2021).
183 www.bpb.de/nachschlagen/zahlen-und-fakten/soziale-situation-in-deutschland/61791/armut-von-familien (abgerufen am: 15.12.2021).
184 Laubstein, C. et al. (2016): Armutsfolgen für Kinder und Jugendliche. Erkenntnisse aus empirischen Studien in Deutschland, hg. v. d. Bertelsmann Stiftung, S. 18.
185 www.iss-ffm.de/fileadmin/assets/veroeffentlichungen/downloads/Kurzfassung-Ergebnisse-AWO-ISS-Langzeitstudie.pdf (abgerufen am: 15.12.2021).
186 Jost, K. (2004): Auswirkungen der Armut bei Kindern und Jugendlichen, in: Bundeskonferenz für Erziehungsberatung e. V. (Hrsg.): Arme Familien gut beraten. Hilfe und Unterstützung für Kinder und Eltern, www.bke.de/content/application/shop.download/1257417004_Arme%20familien%20PM%2072.pdf#page=16 (abgerufen am: 15.12.2021).
187 Kesselring, A.; Leitner, M. (2007): Soziale Herkunft und Schulerfolg. Aktuelle Daten und weiterführende Forschungsperspektiven, in: Ingolf Erler (Hrsg.): Keine Chance für Lisa Simpson? Soziale Ungleichheit im Bildungssystem. Mandelbaum Verlag, S. 90–107, http://ingolferler.net/ingolferler.net/Schriftlich_files/Lisa%20Simpson_1.pdf#page=90 (abgerufen am: 15.12.2021).
188 https://de.statista.com/statistik/daten/studie/12982/umfrage/inobhutnahmen-minderjaehriger-durch-jugendaemter/ (abgerufen am: 15.12.2021)